秋田学入門

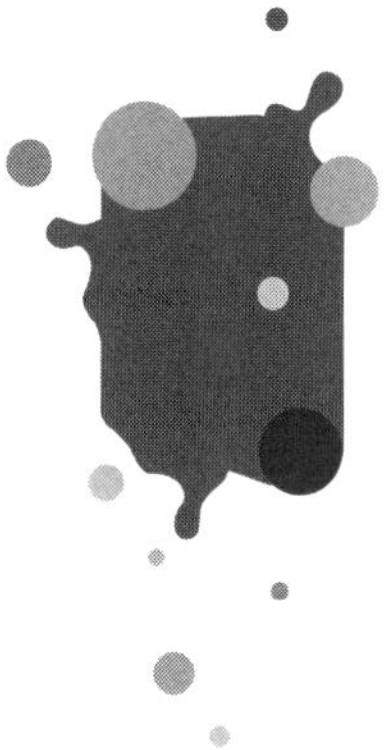

あんばいこう

無明舎出版

秋田学入門＊目次

秋田学入門

久保田藩か佐竹藩か秋田藩か

横手市大森にある保呂羽山・波宇志別神社神楽殿は国の重要文化財だ。山中にはその歴史遺跡を紹介する表示板がいたるところに立っている。

ところが表示板に記された江戸期・秋田領の名称が「佐竹藩」「久保田藩」「秋田藩」とバラバラなのだ。

当時の人は、お城のあった場所から秋田の領地を「久保田」と呼び、あるいは「出羽」（越の国の先にある出っ張った場所・男鹿半島のこと）と言い慣わしていた。

佐竹氏の領地だったので「佐竹領」という言い方もあったのだろう。

「秋田」という言葉が最初に見られる文献は『日本書紀』。そこには「齶田の蝦夷を征伐した」という記述があるのだが、この「飽田」が「秋田」のルーツだ。

　山形と合わせてこの地域は広く朝廷からは「出羽」と名付けられていたわけだが、中世になると領内は秋田城介（じょうのすけ）が支配することになる。

　その後は安東氏が支配することになるのだが、常陸の佐竹氏が転封されて現在の秋田市千秋公園の「久保田」に本丸を築城してからは領内を「久保田」と呼ぶのが普通で、「秋田」という地名が使われることはなかった。

　明治二年（一八六九）、版籍奉還の奉請があり、律令時代から朝廷の下で使われていた旧国名「出羽」は排除された。この年の六月からは「久保田藩」が正式名称となる。そして明治四年（一八七二）一月からは「秋田藩」と名称が統一された。

　その半年後の七月には現在の「秋田県」になり廃藩置県となるわけだが、明治四年に突然「秋田」という地名がなぜ蘇ったのか、その理由は定かではない。

　現在、公的な文章や歴史関係者たちが江戸時代の秋田の領地を表記する際は、その領内の所在地を藩名として使うのが一般的だ。

　ということで秋田県になる前の最後の領地名である「秋田藩」と、江戸期の領名を表記するのが決まりになっている。

ということは「秋田藩」が一番誤解を受けない無難な表記と言っていいだろう。

佐竹の殿様が治めた領地だから「佐竹藩」でもいいのでは、という人もいるが、基本的に領地は幕府からの預かりもの、領主はあくまでその管理者に過ぎない。

さらに藩名に個人名を付すのは問題がある。お隣の山形のようにたびたび領主が変わる地は、そのたびにお国の名称を変えなければならなくなるからだ。

「藩」という言葉自体、近代以降に使用された便宜的表記法である。混乱をさける意味で「秋田藩」に統一する、という最低限のルールは必要である。


（参）『知らなかった！　都道府県名の由来』谷川彰英（東京書籍）

『藩と県』赤岩州五・北吉洋一（草思社）

あきた弁と標準語

さきの東日本大震災より一〇〇年以上も前、「三陸地震津波」といわれる大地震があった。明治二十九年（一八九六）のことだ。

この当時、被災地救援活動でもっとも困難を極めたのが「迷信」と「方言」の壁だったという。巫女（ふじょ）と呼ばれるイタコのような占い師が広く信じられ、不幸や事故があると人々は科学や医学よりも彼女らのご神託を信じ、赤十字社の治療を拒んだり、民間療法を信じて、その結果、亡くなる人があとを絶たなかったのだという。

さらに深刻だったのは被災患者の話す方言（なまり）が、中央からやってきた救援医師にほとんど通ぜず、「通弁（通訳）を要する」と治療を途中でやめてしまう医師が続出したという。

当時の明治政府の中枢は薩長人が多く、東北を「辺鄙」、「未開の蛮族」、「異国」と差別的にとらえる風潮も根強かった。

そんなこともあり津波の約十年後、東北の方言は富国強兵のためにも矯正が必要ということになり、国による本格的な標準語運動が盛り上がるきっかけになった。

作家の井上ひさしには、この明治七年（一八七四）の「全国統一話言葉」制定の過程をユーモラスに描いた『國語元年』という作品（テレビ番組用に書かれた戯曲）がある。

国は近代化のため全国の方言を統一し、共通言語（標準語）をつくる必要があった。そのため文部官僚担当者はその標準語の基礎に、官軍である薩摩弁と長州弁を柱にすえ、天皇のいる京都弁を屋根にした「標準語」の創設を目指す。

その制定過程で、なぜか唐突に「秋田弁も標準語に加えよう」という意見が出たのだそうだ。賊軍である東北各藩の中で孤軍奮闘、薩長のために戦った官軍秋田への論功行賞である。

そのシーンはこんな会話で構成されている。主人公の清之輔は長州出身の高級文部官僚、お相手（公民）は京都出身のお公家さんだ。

清之輔「維新の奥州征伐ではホンマにヨー働いた。明治二年の維新論功行賞では、一枚の毛布すら貰っとらん。気の毒なことギャ。全国統一話し言葉に秋田訛りを加えて差し上げて、維新のときの手柄にむくいたいと思ッチョルでアリマスガノー」

公民「秋田訛りは他の奥州訛りとヨー似たところがおます。秋田訛りを入れるユーのは、会津若松やら仙台やらの賊軍のお国訛りを仲間に入れるのと、同じことになってしまいますのや。（略）ときどき秋田音頭でも歌ってあげたら、それでエーのとちがいますか」

けっきょく「統一話し言葉」は江戸の山の手言葉が採用されることになるのだが、わが秋田弁が「標準語」になる可能性があった、と考えるだけでなんだか楽しくなる。

（参）『東北——つくられた異境』河西英通（中公新書）
『國語元年』井上ひさし（中公文庫）

「ええふりこぎ」と「せやみこぎ」

秋田県人の長所は「まじめ」「穏やか」「誠実」「勤勉」で、短所は「ええふりこぎ（見栄っ張り）」で「せやみこぎ（なまけもの）」――。

県民のほとんどが、こうした「県民性」をほぼ盲目的に信じている。

行政やメディアすら、こうした県民の長所と短所を前提（ものさし）にして、ものごとを判断し決定を下してしまう傾向がない、とはいえない。

自殺率の高さも、持ち家率の高さも、他者を意識した浪費癖といったお金の使い方も、消費性向も、それらが最終的には「ええふりこぎ」や「せやみこぎ」といった前提で断定され、そこから進むべき方向性が決められてしまうのは、変だし危険ではないだろうか。

この二つの「負の性癖」に何らかの根拠はあるのだろうか。

この県民性の性向問題に真剣に向き合った研究者たちがいる。

秋田大学教育文化学部研究紀要『秋田における「県民性」言説の創出と再生産』がそれだ。この論考では、秋田県民が好んで使う「ええふりこぎ」や「せやみこぎ」といった県民性を表す言葉には、ほぼまったくといっていいほど根拠はない、と言い切っている。結論から言えば、あの「血液型占い」とほぼ同じ類の「妄信」にすぎず、そこに科学的根拠はまったくない、というのだ。

たとえば「肥後もっこす」や「津軽のじょっぱり」「土佐のいごっそう」には、その県民以外の地域の人にも高い認知度があり、自他ともに認められた性向である。ところが「ええふりこぎ」や「せやみこぎ」は秋田県民以外の認知度がきわめて低く、もっぱら秋田県民だけが自らに向けてのみ発している「内向きな」言葉にすぎないという。

秋田の有名な伝統行事に「なまはげ」がある。この行事は「せやみこぎ」をいさめるためのものだが、秋田人が「せやみこぎ」であることを示すものではない。いや逆に「せやみこぎ」を嫌う地域規範が伝統的に存在してきたことを示すもの、と研究者たちは言う。

「ええふりこぎ」も本来、秋田人が自らの性格を自己認識するときに用いられる言葉ではなく、他人のハデな服装やゴーマンな態度を非難するときに用いられる。「ええふりこぎ」も「せやみこぎ」も実は秋田県民には好ましくないものとして認識され、逆に他者からそうした負の評価を受けないために、防衛的に自己規制を働かせた、秋田人の自戒の言葉である、と論考は結論づけている。

なるほど津軽や熊本や高知の人たちは、自分たちのことを積極的に「じょっぱり」や「もっこす」「いごっそう」と肯定的に自己宣伝する。でも秋田人が自己紹介で自分を「ええふりこぎ」で「せやみこぎ」と言い張ることはない。

根拠のない「県民の負の性向ステレオタイプ」を前提にして、行政やメディアが旗を振ることは、県民をそこに閉じ込め、社会問題の原因探求をする目を曇らせてしまうのでは、と研究者たちは強い危機感を訴えている。

（参）『秋田における「県民性」言説の創出と再生産』日高水穂・石沢真貴・近藤智彦（秋田大学教育文化部研究紀要・二〇一一年三月号）
『秋田県民は本当に〈ええふりこぎ〉か？』日高水穂（無明舎出版）

菅江真澄は密偵だったのか

菅江真澄は宝暦四年（一七五四）ごろ、三河の国（愛知県）の渥美郡に生まれた。本名は白井英二。青年になるころまで国学や和歌、漢学、本草学を学び、歌を詠むことや旅の好きな若者だったという。

故郷・三河を離れて長い旅人生が始まるのは天明三年（一七八三）、真澄が三十歳のころ。それから二度と故郷に帰ることはなかった。

真澄が長い旅に出た天明（一七八一―八九）の時代は浅間山が大噴火し、北日本は天候不順に見舞われ、東北地方を中心に大凶作に襲われていたころだ。

秋田に定住する前、真澄は北海道に渡り、帰途に青森で津軽藩採薬御用に任命されている。しかしそこで、「津軽藩の内情を調べまわっている」という噂が立ち、御用をご免になっている。

失意の中、秋田領に入るのは享和元年（一八〇一）で、このとき真澄は数えで四十八歳。秋田藩主・佐竹義和の意向もあり、秋田領内六郡の地誌編纂に歩き回ることになる。

そして文政十二年（一八二九）、仙北郡内で病に倒れ、七十六歳の生涯を終える。まさに旅に生きた人生そのもので、残した著作は約一三〇種類、二四〇冊にのぼった。

真澄は旅の目的を「日本中の古い神社を拝んで回りたい」と書き記しているが、蝦夷地（北海道）に渡ることが旅の大きな目的だったのでは、といわれている。

この時代は田沼意次が老中として絶大な権力をふるっていた時代で、蝦夷地を舞台に巨大な陰謀を巡らしていたといわれている。

真澄は四年余りにわたってこの蝦夷地で過ごしている。この渡海にかけた情熱と決意は、田沼一派の陰謀と敵対する深い関わりがあったためではないのか、という「真澄スパイ説」をテーマにした小説が中津文彦著『天明の密偵――小説菅江真澄』（文藝春秋）だ。平成十六年（二〇〇四）に刊行されたものだが、秋田ではほとんど話題にならなかった。端正な筆さばきで時代考証もしっかりした一級の時代小説だが、真澄の秋田時代が「ほぼまったく」といっていいほど登場しない。複雑な時代背景を背負いながら秋田以外の東北地方や蝦夷地を、密命を受けた人物として彷徨する若き真澄の旅物語なのである。

真澄の書籍の数々はいまも貴重な民俗資料として価値のあるものだが、「真澄の日記にはウソが少なくない。自分の素性や行動をごまかそうとするときは、記述が不自然に饒舌になる癖も見られる」と中津は書いている。

秋田で流布されている英雄的な真澄像とは異質な視点から描かれているのだが、多くの新しい発見に満ちた物語でもある。

（参）『天明の密偵――小説菅江真澄』中津文彦（文藝春秋）
『菅江真澄と秋田』伊藤孝博（無明舎出版）

秋田はなぜ新政府軍になったのか

慶応四年（一八六八）の戊辰戦争は、王政復古を経て明治政府を樹立した薩摩藩・長州藩・土佐藩らを中核とした新政府軍と、旧幕府勢力および奥羽越列藩同盟が戦った日本の内戦である。

天皇を中心とした新しい政府は会津藩と庄内藩に朝敵というレッテルを貼り、武力討伐を目指した。

東北諸藩は会津や庄内を助けようと奥羽越列藩同盟をつくり戦争になる。この戦争では秋田県のほぼ半分の地域が戦地になった。

秋田はいち早く列藩同盟を離脱して新政府軍につくのだが、庄内藩の反撃に各地で敗戦が続いた。

明治と年号の変わった九月二十二日、会津藩が降伏して戦争は新政府軍の勝利で終わった。

秋田藩が朝廷を支持する新政府軍寄りになったのは、秋田生まれの国学者・平田篤胤の思想の影響が大きいといわれている。

中国の儒教が入る前（江戸幕府は儒教を政治の基本にした）、日本には天皇を中心とした理想社会があった。ここに回帰しようというのが篤胤の思想である。当時の新政府の尊王攘夷思想の根拠もここにあったのである。篤胤は戊辰戦争の前に亡くなっているが、その教えを受けた秋田藩士はたくさんいた。

そうした過激な家来たちの意向を受けた家老・小野岡義礼が、寝ていた藩主・佐竹義堯を起こし意見書を差し出したのが七月四日の午前二時。

義堯は夜が明けて藩校明徳館に赴き、滞在していた奥羽鎮撫総督府の九条総督に列藩同盟を脱退、新政府軍として戦う意思を伝え、この時から秋田藩は新政府軍の一員となった。

さらに同じ夜、秋田に来ていた仙台藩の使者を襲撃、殺害した。

いくら戦争中とはいえ使者を殺すのは大変なルール違反だ。そのためこの襲撃は秋田藩を逆戻りさせなくするための総督府の陰謀だったともいわれている。

亀田、本荘、矢島の各藩と旗本の仁賀保氏の由利本荘各藩も秋田藩に同調し、七月一四日、列藩同盟を脱退した。

戦争が終われば「佐竹は七五万石に加増」とのうわさがあったが、これを信じた人も少なくなかった。結果的には鹿角地方（二万石相当）を得ただけで戦争は終わる。

戦争の後半で列藩同盟に寝返った亀田藩も含め、秋田諸藩の死者は三六三人に及んだ（うち三五一人が秋田藩）。

会津の二八〇〇人、仙台藩の一二六六人には及ばないが、新政府軍側では薩摩、長州に次ぐ多い戦死者で、四万三千人以上の人たちが家を焼かれている。

天皇のために多くの血が流されたが「秋田藩に残ったのは借金だけ」といわれた戦争でもあった。

（参）『戊辰戦争と秋田』加藤貞仁（無明舎出版）
『戊辰戦争とうほく紀行』加藤貞仁（無明舎出版）

遠藤章はなぜノーベル賞をとれないのか?

山中伸弥京大教授がｉｐｓ細胞でノーベル医学・生理学賞を受賞した日の秋田の新聞（地元紙や全国紙県内版）には、「遠藤さん、ノーベル賞逃す」「来年こそ、周囲期待」という見出しが躍った。下馬評の高かった山中教授の受賞は想定内のニュースだったが、「遠藤さん」なる人物もノーベル賞候補だったなんて「秋田県人以外は知らないよ」と他県の人には笑われてしまった。

秋田県由利本荘市出身の遠藤章は、本荘高校定時制から大学進学のため秋田市立高校（現県立秋田中央高校）に転校し、東北大学農学部に進学。卒業後は製薬会社で研究を続け、一九七三年、青カビから血中コレステロールを下げる物質「高脂血症治療薬スタチン」を開発した。

この薬はいまも世界中の人々に利用され、二〇〇八年にはアメリカで最も権威ある医学賞「ラスカー賞」を受賞した。

過去のノーベル医学賞受賞者の多くは、このアメリカのラスカー賞受賞者の中から選ばれている。ノーベル賞受賞者の中にはラスカー賞受賞から十数年後にもらった人もいるため、マスメディアは最低でも十年間はラスカー賞受賞者をノーベル賞有力候補として追いかけるのが、いわば記者の不文律のようになっているのである。

スタチンは一九八七年にアメリカでロバスタチンという医薬品として発売され、欧米では心筋梗塞による死亡を大幅に減らす大ヒット薬品となった。

その功績から、遠藤はアメリカのノーベル賞ともいえるラスカー賞を受賞したわけだが、実は日本ではこの薬の効果は欧米ほどには確認できなかった、という専門家もいる。日本人の心筋梗塞はコルステロール値を下げるだけでは防げなかったわけだが、その原因はいまもよくわかっていない。

欧米の健康常識が日本人にもそのまま通用するとは限らない。

このあたりの微妙さがこのスタチンという薬の問題点だという人もいるのだ。

しかし体内でのコレステロール合成を阻害し動脈硬化を防ぐスタチンは、世界史上最大といわれる売り上げを記録した医薬品であるのはまちがいない。

この薬が世に出てからすでに三十数年の月日が経っている。遠藤章がなぜノーベル賞をとらないのか、とって当然のころ、と思っている人は少なくない。

とれない理由のひとつとして「医薬品の評価が難しい」という問題もあるようだ。スタチンによってコレステロール値は確かに下がるが、それが全体として死亡率の低下につながっているのか、データの解釈をめぐって専門家たちの間で議論が分かれているのだ。

副作用や効果をめぐって、ひとつの医薬品が本当に人類に貢献したかは、実は長い年月を経ないと判定は難しい、ということのようだ。

（参）『学者は平気でウソをつく』和田秀樹（新潮新書）
『世界史を変えた薬』佐藤健太郎（講談社現代新書）

通夜の前に火葬する不思議

作家の水上勉（故人）が、自分で焼いたという骨壺を手にテレビに出演していた。驚いたのはその骨壺の小ささだ。ウイスキーのダルマ瓶ほどしかない。

調べてみると一般的な骨壺は、七寸（直径二一・七cm×高さ二五・五cm）サイズが標準の大きさだ。基本的に「総収骨」といって、焼いた遺骨を全て納められるような大きさに作ってある。しかしこれは主に東日本の基準だ。西日本ではこの半分以下の大きさが標準だという。西日本では「部分収骨」といわれるものが一般的で、胸やのど、頭、腰といった部分のみを骨壺に入れる。なるほど骨壺にも地域差があったわけだ。

土葬から火葬の変遷もあいまいだ。

土葬は基本的には仏教や儒教、キリスト教などのしきたりで、神道も土葬である。そのため以前は土葬が当たり前で、特に東北地方各地にはつい最近まで土葬をした家の記録が残っている。火葬には大量のマキが必要で、そうした経済的負担の問題や神道を重んじるしきたりから、秋田でも昭和四十年代ころまで村々では当たり前のようにまだ土葬が行われていた。

火葬が普及したのは、葬儀のやり方がマニュアル化し、自治体によって火葬場が整備されたことがきっかけで、墓地の土地不足という問題もあった。

そこで、よく訊かれるのが「秋田では通夜の前に火葬するのは、なぜ?」という質問だ。

関東や西日本では通夜が終わってから火葬というのが通常のしきたりだ。しかし東北地方の多くは、通夜の前に火葬してしまう「前火葬」が普通だ(福島や宮城など例外的地域も少なくないが)。

その理由は「雪」にある。現在と違い交通網の発達していなかった東北地方では、冬に死者が出ると遠方にいる親せきはすぐに駆けつけることができない。交通の便が悪かったからだ。親族を待っていれば遺体の腐敗は進む。そこでまずは焼いてしまい、遠方の親族の到着を待って通夜をする、という習慣ができたのだ。

余談になるが、テレビのドラマなどで食事の時、合掌して「いただきます」というシーンはもうおなじみで、全国的な調査でも六割以上の人が、食事のときに合掌をするという統計があるのだそうだ。しかし秋田では「合掌」は圧倒的に少数派だ。

というのも頻繁に合掌するのは浄土真宗の人たちが多い地域で定着したもので、そうでない宗派の人たちが多い地域では合掌しないのがふつうなのだ。

要するに宗教的な理由による合掌にすぎなかったのである。

だから東北地方でも浄土真宗門徒が比較的多い青森県では他の東北地方より「合掌」確率が高いという。

とはいっても「いただきます」という挨拶そのものも、たかだか戦後の学校給食から普及したもの。長い歴史があるしきたりなどではない。

（参）『東日本と西日本』大野晋・宮本常一編（洋泉社）
『東北のしきたり』鈴木士郎・岡島慎二（マイクロマガジン社）

秋田美人のルーツを探して

「秋田美人は佐竹の殿様が転封のとき常陸太田から連れてきたのがルーツ」というまことしやかな説がある。この常陸太田ルーツ説、信ぴょう性がありそうだが、やはり眉に唾をつけたほうがいい。

というのも移封に際し佐竹家は、一門と重臣のほか「九三騎」の譜代に限って、それも嫡子だけを秋田に従わせた。秋田に移り住んだ常陸武士は三六三人だけで、その後に秋田入りした武士たちを合わせても、その数は三千人ほどといわれている。この移民数からみても常陸太田ルーツ説には無理がある、といっていいだろう。

昔から「色の白いは七難隠す」といわれる。美人の基準となる第一条件は肌の白さだった。肌の白さは日照時間が短く、湿度が一定であることが重要な要件になる。秋田の気候風土はこの条件を満たしていたのだ。さらに歴史的に見れば、海外との交易による混血説も「秋田美人のルーツ」としてはそれなりの説得力を持っている。

その代表例が八世紀にはじまった渤海（ぼっかい）との交易だ。渤海からはその後二〇〇年にわたって三十数回にも及び、秋田との交流が続くのだが、平安時代になっても日本海海路やその沿岸地帯との交流密度は濃い。

海外だけでなく列島近隣の血も秋田に流入した可能性は高いのだ。海を媒介にした交流が秋田美人への道に拍車をかけた、というわけである。

二〇〇一年、東大医科学研究所のウイルス研究で東北地方にはヨーロッパ系の民族が渡来していた、という調査報告が新聞で報じられた。遠い昔、日本海を渡って白人の血や遺伝子が秋田に伝わったのは事実だったのである。

この調査は出羽や陸奥に特有だった犬や馬の遺伝子解析から判明したものだ。

犬の血液型にはA型とG型がある。秋田や陸奥の犬はヨーロッパと同じA型で、G型は一匹もいなかったという。こうした事実から渡来した外国人との混血があったことが証明されたわけである。

『秋田大百科事典』によれば、「秋田美人」とは「元来は明治期から昭和初期にかけて秋田市の紅灯街、川反で全盛を極めた川反芸者を形容する言葉だった」。

意外と新しい言葉なのである。

明治維新期、職を失った士族階級の婦女子のなかには遊里の人になるものもいた。大正期は凶作や自然災害による農村不況で娘の身売りがあった時代だった。娘を売るといっても芸妓や娼妓ばかりではない。子守や紡績工に出すケースも少なくなかったが、そうして外に出ることになった子女が秋田美人のルーツになった、という説にも充分に説得力はある。


（参）『秋田美人の謎』新野直吉（中公文庫）

『秋田大百科事典』秋田魁新報社

小野小町が「世界三大美女」のわけ

〽秋田の女ごは／何どして／きれだど／聞くだけ野暮だんす
　小野小町の生まれ在所を／お前はん知らねのげ

おなじみ「秋田音頭」の一節だが、これを見てもわかるように秋田県民は小野小町を「秋田美人の元祖」と信じて疑わない。

小野一二著『小野小町―そのルーツを探る』によれば、大同二年（八〇七）、出羽郡司に任じられた小野朝臣良実（おののあそんよしざね）が雄勝郡に着任し、館を構えた。良実は里の長の娘を愛し、二人の間には女の子が生まれた。この子が小町である。

父が郡司の任期が終え帰京すると、小町は宮中に入り天皇の寵愛を受けた。名歌人で美貌の彼女は業平や深草少将との付き合いもあった。老後は不運で落魄帰郷し小野の里に住まい、岩谷堂で九十歳の生涯を閉じた。

もちろんこれはお国自慢の類の伝説である。

出羽郡司は在地豪族を任命する官職で、都から下向して横手盆地南部地方の郡司なることは日本古代史の制度上あり得ない。こうした小町伝説は全国各地に同じようなものが点在している。

しかし、「小野小町は楊貴妃、クレオパトラと並ぶ世界三大美女」という俗説は地域発ではなく、広く日本中に流布している格言である。

これはいったい誰がいつ、どんな根拠があって言い始めたものなのだろうか。

「小野小町は古の衣通（そとほり）姫の流れなり」と「古今集」の序で歌人の紀貫之が触れたことにより、小町が美人である、という評価は定まったといわれている。

それまで「本朝三美人」に数えられていたのが、いつの間にかクレオパトラや楊貴妃と並ぶ「世界三大美人」にランクアップされてしまったのである。

楊貴妃やクレオパトラの美しさは白楽天の詩「長恨歌」や、シェークスピア、バーナード・ショーの文芸作品によって「世界三大美女」として世界に知れ渡っていた。

そこになぜか小町が「突然」加えられた。その時期や理由は定かでないが、日本だけで通用する伝説である。

弘法大師作ともいわれる長編詩には、小町の美しさ称えて「楊貴妃もものの数ではない」という文言があるという。

どうやらこのへんが怪しいのだが、小町の美しさをあらわす比較として度々「楊貴妃」が引き合いに出され、楊貴妃といえばクレオパトラと双璧の美女、それなら小町も入れて「三大美女」にしては、という「国内身びいき」が作り上げてしまった創作なのではないか。日本国内限定の「うちわぼめ」である。

（参）『秋田音頭ものがたり』無明舎出版編（無明舎出版）
『秋田美人の謎』新野直吉（中公文庫）
『小野小町――そのルーツを探る』小野一二（無明舎出版）

「県民歌」の問題点

秋田県民歌の一番は「秀麗無比なる鳥海山」という歌詞で始まる。

この文言に、「山形県の山をわざわざ他県の県民歌で宣伝してもらい恐縮です」と山形の人から皮肉を言われたことがある。

両県の県境は鳥海山系の稲倉岳から飯ケ森を結び、そこから南に折れたきれいな三角形になっている。山形県が秋田県側に不自然に飛びだしているのだ。この人工的な地図の直線に違和感を覚える人も多い。日本各地の県境は分水嶺で引かれるケースがほとんどだからだ。

この境界線が決まったのは宝永元年（一七〇四）。もう三〇〇年以上前に確定した藩境である。この藩境が明治の廃藩置県に際しても、そのまま県境として認められ現在に至っている。

だから鳥海山は山形県の地名なのである。

ちなみに秋田県側は「ちょうかいさん」と呼びならわすが、山形側は「ちょうかいざん」が普通の言い方だ。

山形の県民歌の歌詞も紹介しておこう。正確には山形は「県民の歌」(「山形県民歌」はスポーツ時のみ歌う)で、その歌詞は「広き野を　ながれゆけども　最上川　うみに入るまで　にごらざりけり」と、これで全部だ。実に短く、しかも一番だけの歌詞しかない。

まるで和歌のようで、御詠歌のようゆったりとした音曲である。実はこれは昭和天皇の御製(ぎょせい)の歌だ。それを山形県民は何と「県民の歌」にしてしまったのだ。

閑話休題。「秋田県民歌」は作詞・倉田政嗣、作曲・成田為三の作だが、「修正・高野辰之」という名前も併記されている。

高野は秋田県人ではない。明治九年(一八七六)長野県生まれ。東京音楽学校教授としてたくさんの唱歌を作った国文学者で、代表作にはあの「故郷」がある。

その高野辰之が「修正」した歌詞は、冒頭の「秀麗無比なる鳥海山」の部分だ。倉田の元の詞は「秀麗気高き鳥海山」だった。

さらに「秋田県民歌」は三番の歌詞にも問題を含んでいる。「錦旗を護りし戊辰の栄（はえ）は」という文言で始まるのだが、戊辰戦争で賊軍といわれた鹿角の人たちの、この歌詞への反発は今も強い。当然だろう。

時代背景も考えればやむをえない歌詞と言う人もいるが、県民歌が制定されたのは昭和五年（一九三〇）。戊辰戦争から五十年以上もたってからこの歌詞がつくられた事実に、時代錯誤も甚だしい、と鹿角の人たちは言う。

廃藩置県により鹿角は朝敵とされた盛岡藩の手を離れ江刺県となり、そして秋田県へ編入された。

同じ県民の中に戦争の勝者と敗者が混在していることに、まったく無頓着な歌詞だったのである。

そのへんの問題点を考慮したものか、公けの式典などでは一番と二番のみしか歌われないケースが多いようだ。

秋田音頭のナゾ

秋田音頭の「八森ハタハタ　男鹿で男鹿ブリコ」という歌詞は、この音頭の中でもっとも有名な一節といっていいだろう。

この歌詞について県外の方から「ハタハタとは別に〈男鹿ブリコ〉という商品があるのですか」という質問をいただいた。

言われてみれば確かにそんな意味に受けとれる歌詞ではある。

ブリコは別に男鹿だけの名物ではない。字義通りに解釈すれば「八森はハタハタがよく獲れるが、男鹿はハタハタ本体よりもブリコがうまい」ということになる。しかしこれでは男鹿の人たちは「我々は八森より下か」と釈然としないのではないのか。

調べてみると意外な事実が分かった。

その昔（江戸期）、八森、岩館地方の漁師はメスに比べて小さなオスを干して自家用に確保、商品として大きなメスのハタハタだけを出荷する習慣があった。

一方の男鹿では盛漁期に婦女子の内職としてメスのハタハタのブリコをしぼって木枠に入れ、海水をかけながら「押しブリコ」（または「押器ブリコ」）という加工品作りが盛んだった。「押しブリコ」は日干しして数個ずつワラ縄でつなぎ商品としてよく売れた。そのため男鹿の魚体にはブリコの入ってないものが多くなるのは致し方ないことだった。よって八森産ハタハタに比べると著しく価値を落とすことになったが、一方で「押しブリコ」という特産品を生む結果にもなった。

歌詞の「男鹿ブリコ」とはこの「押しブリコ」のことだったのである。

これはハタハタ研究の第一人者・渡辺一氏の著書『ハタハタ――生態からこぼれ話まで』に書かれている。

さらに菅江真澄の『雪の道奥雪の出羽路』（「菅江真澄遊覧記4」）にも男鹿の「押しブリコ」の図絵が描かれている。図絵の余白に「八森はた〲雄鹿ぶりことという諺あり」という真澄の書き込みもある。

歌詞は、昔からあったこの「俚諺（ことわざ）」をそのまま秋田音頭のなかに流用したものなのだ。

ちなみに現在「押しブリコ」作りは男鹿でもほぼ姿を消してしまったという。

「八森ハタハタ　男鹿で男鹿ブリコ」は、「は音」と「お音」が韻を踏んだ秋田音頭を代表する名調子のフレーズだ。

その意味も、「魚体のいいのは八森で、男鹿では〈押しブリコ〉が絶品だ」と、どちらの特産品も貶めないバランスの取れた優れた歌詞だったのである。


（参）『ハタハタ――生態からこぼれ話まで』渡辺一（無明舎出版）

『菅江真澄遊覧記４』菅江真澄（平凡社・東洋文庫）

馬にまつわる意外な話

「秋田には馬（駒）にちなんだ名前が多いのは理由があるんですか？」

と大学生のグループに訊かれたことがある。

駒ヶ岳や秣（まぐさ）岳、馬返しに駒落とし、馬頭観音に駒形神社、絵馬に駒踊り、残雪の馬形……なるほど山名から信仰、民謡にいたるまで「馬」や「駒」（仔馬の意）のつく言葉が少なくないのは確かだ。

そういえば馬口労（馬喰）町という町名も秋田市内にはある（あった）。「博労」は時代劇の悪役などでいいイメージはないが、本来は「馬のことを知りつくした馬商人」のこと。スポーツで名選手を育てた指導者を「名伯楽」というが、博労はこの伯楽から派生した言葉だ。

藤田秀司著『馬』によれば、馬は農家の労働力や食用として飼育されてきたわけではない、という。古代から馬は支配者（権力者）の乗り物であり、軍馬として戦争にとって欠かせない動物だった。牛より駄載能力がすぐれ、物資の輸送や古代律令制下の交通制度（駅馬と伝馬）でも馬は重宝された。

平泉の藤原三代の財力を支えたのも金（きん）と馬だ。

秋田藩に限らず江戸時代の各藩も「馬政」には力を注いだ。特に南部や津軽、秋田といった北東北が馬産に熱心だったのは土地が広く気候風土が適していたからだ。

明治、大正期に来県した皇族にはきまって献上品として馬が贈られているほどだ。

馬は農民にとって土地に次ぐ財産であり、蓄財の有力な手段でもあった。

田んぼの肥料としても馬の尿や糞は貴重だったし、産まれた仔馬を喜んで買い取ってくれる受け皿があった。と同時に細心の注意と愛情がなければ飼いならせない、同じ屋根の下に住む「家族」でもあった。

暮らしの中に馬にちなんだ名前が多いのは、こうした歴史的背景によるものだ。

加えて家族同様の存在としての馬への敬意が人間側にあったのだ。

意外な事だが農耕用として馬が使われだしたのは江戸後期からだ。

それも本格的に農耕の主役となっていくのは田んぼの改良が進んだ大正期である。

これも昭和四十年代には耕運機やトラクターの登場で、馬は田んぼから姿を消すことになる。わずか半世紀ほどの命だった。

昔から山越えの輸送には馬より牛が適していたと言われるが、これは臆病な馬がオオカミを怖がり山中で眠られなかったため、と民俗学者・宮本常一は『塩の道』の中で書いている。

馬の放牧の盛んな岩手などでは、「牧場」は「まきば」と呼びならわす。

これは馬の古語が「うまき」だったためで、「うまき場」の「う」が省略されて生まれた言葉だ。

（参）『馬』藤田秀司（秋田文化出版）
『塩の道』宮本常一（河出文庫）

ハチ公は本当に忠犬だったのか

江戸時代、犬が単独で青森から三重まで歩いて伊勢神宮のお札をもらい、青森まで帰ってきた……といえば、おおかたの読者は笑われるだろう。でもこれは事実（史実）である。幕末嘉永年間（一八四八〜一八五四）に三年の歳月をかけ約二四〇〇キロの距離を歩いた青森・黒石の犬の単独旅行はちゃんと記録に残っている。

当時は犬の伊勢参りはそれほど珍しいことではなく、金や時間のない人は代わりに犬を代参させたのである。特に伊勢から遠い東北では『仙台風俗志』をはじめ数々の古文書に犬の伊勢参りの記録が残っている。飼い主の名札とお金を首にぶら下げていると、道行く人々は迷子にならぬよう暗黙のうちに犬を伊勢方面へと導いてくれたのである。

その一方、いつのまにか人口に膾炙（かいしゃ）し、偶像化されて物語になった犬もいる。

いまや国民的ヒーローになったわが秋田の「忠犬ハチ公」である。亡くなった主人の帰りを待って渋谷駅に七年も通い続けたという伝説の秋田犬だ。この伝説には疑問を呈する動物学者も少なくないのだが、それはまた別の機会に置く。

ハチ公が一躍「時の犬」になったのは記録上はっきりしている。

昭和七年（一九三二）十月四日付の東京都内新聞各紙に載った「いとしや老犬物語」という「聯合通信」記者・細井吉蔵が書いた記事がそのはじまりだ。

記事はいささか浪花節調の「老犬を憐れむ」というトーンで、掲載した東京朝日新聞も社会面ではなく家庭欄に組み込んでいる。

ハチ公には「忠犬」や「名犬」といった冠は付されていない。あくまで哀れな「老犬」である。その記事は思わぬ反響を呼ぶ。新聞社には「ハチ公がかわいそう」「エサ代にして」と善意の声やお金が続々と届けられた。帝展彫刻部審査員の彫刻家・安藤照が「この犬の姿を残しておきたい」といったことも話題を呼び、全国の小学児童からの寄付金で急きょ渋谷駅前に安藤作による銅像が建立されることになる。

そして、このフィーバーに飛びついたのが秋田県だ。犬がペットとして商品になりだした時期でもある。ここを先途と秋田犬のPR役を買って出たのである。こうして老犬ハチ公のニュースは海外にまで報じられ、昭和九年（一九三四）四月二十一日、銅像は建立。ハチ公が死んだのはその翌年だから、まだ生きているうちに銅像は建ったことになる。

そして戦中戦後の暗い時代を潜り抜けるうち、ハチ公の名前にはいつのまにか「忠犬」という言葉が常に付されるようになる。

細井が記事を書く以前（ハチ公が渋谷駅に通い続けた七年間）、だれ一人としてハチ公を名犬や忠犬と称した人はいなかったのに……。

秋田犬の名声を高めたハチ公は、実は新聞を読んだ読者が発見した「偶然の宝物」だったのである。

（参）『物語特ダネ百年史』高田秀二（実業之日本社）
『犬の伊勢参り』仁科邦男（平凡社新書）

北と南の食の境界

お雑煮に入れるモチは丸形それとも角形？

秋田県人のほとんどは角形である。

雑煮に入れるモチの形で分類すると丸モチ圏は西南日本、東北日本はほぼ角モチ圏だ。モチの形で大雑把に日本列島を二分することができるわけだ（東北地方にも一部例外はあるが）。

ちなみに角モチ圏のルーツであり中心地は江戸だ。江戸は「男性型社会」で女性の数が少なかったため、大人数の使用人を抱えていた大商家ではモチを丸める手間が大変で、手っ取り早い角モチが主流になったといわれている。それが秋田をはじめ東日本全域に影響をあたえた。

一方、京阪は「女性型社会」で、食べ物へのこだわりが強く手間ひまをいとわないため丸モチにこだわり、それが西南日本全体の定番になっていった。地域の環境や人々の暮らしがモチの形を決めていったのである。

秋田県内でも能代付近を通る東西線上に食文化の境界線がある。

秋田は一般的に「コメと酒、独特の発酵食文化を持つ県」として紹介される。

太平洋側の乾燥した風土と違い、雪深く湿り気のある長い冬は食べ物の保存のために発酵技術を発展させた。さらに隣県に比べれば冷害も少なく、豊富にあったコメが良質の「こうじ」を生み出した。ドブロクも日本酒も野菜も魚も大豆も、なんでもこうじで発酵させ、ワンランク味を上げてから食卓にあげるのが秋田流である。

この「保存と発酵」こそが秋田の食文化の神髄というわけだ。

しかし秋田の特産品として全国的に有名なのは酒や稲庭うどんを除けば、キリタンポに比内地鶏、トンブリにジュンサイ、秋田フキと、コメや発酵と無関係のものばかり。しかもそれらを生み出す地域は、「非コメ地帯」といわれる県北部に集中している。

横手盆地を中心としたこのコメの多収穫地域から、青森や岩手側（頭や首筋の部分）

に近づくにつれ、コメの反収は低くなり、畑作比率が上がり、雑穀栽培が多くなる。

そんなコメが思うようにとれなかった地域は、食い延ばしのため自然に食品の加工や雑穀の利用法に長けるようになる。飢えを防ぐ創意工夫が自然に発達したのだ。

冷害や凶作に痛めつけられる機会の多かった北秋・鹿角の「非コメ文化地帯」こそ、実は秋田の食文化の多様性を担保してきた「食文化の宝庫」だったのである。


（参）『おもちの大研究』笠原秀著（ＰＨＰ研究所）

『食文化あきた考』あんばいこう（無明舎出版）

秋田商法の源流

商店に物を買いに行っても「売ってやる」という態度でつっけんどん。旅館や飲食店は言葉が乱暴で客を客とも思わぬ対応だ。タクシーに乗っても運転手は返事をしないし、公務員はふんぞり返ってエバっている……これが評判の悪い「秋田商法」といわれるものの実態だ。こうした気質をつくった要因は江戸時代の「北前船交易」にその源流があった、という説がある。

ふつう商人は物を売るために「何が売れるのか、どこで仕入れるのか、いくらで売るのか」に腐心し努力する。ところが北前船交易では、仕入れや物流の決定権はひとえに関西資本や近江商人のほうにあった。売り物は米や木材、鉱石からタバコまでそろっていて、買い手と売り手の思惑は一致していた。

下手な秋田の商人の手練手管など、ほとんど必要のない世界だったのである。秋田の商人たちは、土崎や能代の湊で全県下から集まった商品を船に載せ、注文のあった上方物を地元業者に手渡す取り次ぎ業務が主な仕事だ。それでも手数料収入だけで十分食べられ、そのうえ富まで築けたのだ。中央（京阪）と北海道の貿易に便乗し何の努力もしないで余禄を手に入れた、といわれても反論は難しい。

黙っていても向こうから品物がやってきて、何もしなくても買う客がわんさかいて、売り物も潤沢にあった。

当時の土崎湊は米以外にも多くの産物が集まり、雄物川の存在によって内陸部の物流も集中していた。

そのため北前船を呼び寄せる機会が多く、一九世紀初期の入港船は年間六〇〇艘を超えていたという。

さらに回船問屋は十二軒もあり、彼らは藩にかわって移出入関税の実務まで行っていたという。その関税収入だけで年に一万五千両もあった。

まさに土崎湊は秋田藩にとっても「金を生む港」だった。

それをいいことに藩は土崎湊と関わりの深い北前船主・古河屋（若狭）から借財を重ねている。年貢米を担保にして何千両と借り続け、結局最後は踏み倒しているのだから、実に情けない。

木材資源が豊富で北前船の出入りが盛んな土地柄だったので、そこから一念発起して地元から北前船主が現れてもおかしくはないのだが、現実には船主がすべて北陸や関西の商人たちで、秋田はただ単に人と資源と場所を「貸した」だけで終わってしまったのである。

（参）『海の総合商社北前船』加藤貞仁（無明舎出版）

県北に新聞が多い理由

秋田県の北と南には食の「境界」だけでなく、文化的な「境界」も存在する。新聞社の数がそれを物語っている。

県都である秋田市には全県をカバーする大きな地方新聞社がある。しかし県南部には日刊で新聞を発行できる新聞社はほぼ存在しないといっていい。が不思議なことに県北部になると能代市、北秋田市、大館市、鹿角市、さらにはもっと小さな町村部でさえ日刊新聞が存在しているのである（二一世紀に入り、その数は減ったが）。

県北にはなぜ、それほど小さな地域にまで日刊新聞が必要だったのだろうか。

新聞社が県北部に多い一番目の理由は、県都秋田市から距離的に離れていること。

二番目は秋田市や県南部の「農業を基幹産業」とする価値観の地域情報に、米穀地帯ではない県北が反感を覚えていた、ことがある。

農業情報中心の報道に生活上のリアリティーを感じられなかったのである。

地元大手新聞社が発信する克明な農業情報や、その延長線上にある経済や政治の関連ニュースより、県北部では鉱山や木材といったグローバルな産業情報のほうがずっと必要だったのだ。そうした地域特色に地方大手新聞社は目を向けてくれない不満が、ならば自分たちで情報発信したほうがいい、という起業へとつながっていく。

三番目は交通や文化の問題だ。

県北部の町は生活文化の中心地が青森県弘前市や岩手県盛岡市といった都市に近い。県都秋田市の影響を強く受ける位置にはない。そもそも文明開化の鉄道は弘前から延伸してきたものだし、自由民権運動も弘前や盛岡などとの人的交流から広がった。「本は弘前、ネクタイは盛岡」という言葉がいまも県北には残っているほどだ。

四番目には新聞には不可欠の「広告」収入が安定して集まったことだ。中央（東京）に本社を置く鉱山や木材の関連会社からは広告が潤沢に入ってきた。これが新聞経営を成り立たせた。木材や鉱山というグローバルな産業は外から優秀な人材を移入させ、広い視野を持った開明的な地域リーダーを輩出させ、「農業ではないもう一つの秋田」をつくる原動力にもなった。

こうして県北部には「木材・鉱山文化」を背景にした独自の地域ジャーナリズムが発展することになったのである。

「秋田犬」の人気の秘密

フィギュアスケートの金メダリスト、ロシアのザギトワ選手が「秋田犬が欲しい」と言い出したことで秋田犬ブームに火が付いた。

秋田県ではこの七年前にも、東日本大震災支援に対する感謝としてプーチン大統領に秋田犬を贈っている。これはプーチンの娘が大の秋田犬ファンだったという裏事情があったためだそうだ。どうやらロシア娘たちは秋田犬が大好きなようだ。

もう二昔ほど前の話だが、「秋田犬」の本を出版しようと企画を練っていたら、「秋田犬は裏に複雑な事情が絡んでいる。不用意に手を出さないほうがいい」と信頼する友人からアドバイスを受けた。

最近出版された宮沢輝夫著『秋田犬』（文春新書）に、その答らしきことが書いてあり、読んでなるほどと納得した。

その昔（大正から昭和初期にかけて）、秋田県北部では秋田犬の闘犬が盛んで、ヤミで大会が開かれ、賭けの対象になり、高額の種付け料や、土佐闘犬との交配など、裏で大きなお金が動いた。そこに暴力団の介入を招いたというのだ。品評会の審査員を買収したり、ライバル犬を毒殺したり、ギャンブルをめぐっての騒動や事件が後を絶たなかった、というから穏やかではない。なるほどそういうことだったのか。

秋田犬の元祖はマタギ犬（猟犬）だ。両耳が立ち、巻き尾（あるいは差し尾）が特徴で、自立心が強く主人には忠実だが、それ以外の人間にはあまりなつかない。

「秋田犬」という犬種名は昭和六年（一九三一）に国の天然記念物に指定された時に生まれた名前だ。それ以前は大館犬とか鹿角犬、南部犬と呼ばれていた。

他の犬は交配などで雑種化が進んだが、秋田犬がそれを免れたのは、もともとがマタギらとともに山に入って猟をするのが仕事だったため、里での異種犬との交配を避けることができたのだそうだ。

最近のゲノム解析では秋田犬と柴犬はオオカミに最も近い遺伝子を持つ日本犬である

ことがわかっている。犬の祖先は家畜化されたオオカミというのが定説だが、両者の違いはストップ（額段）の有無。鼻梁から額にへコミのあるのが犬で、オオカミにはこれがない。ロシアの洞くつで発見された三万三千年前の骨にはこのストップがすでにあったそうだ。

著者の宮沢氏はそうした歴史的事実を踏まえ、「犬とオオカミは五万年ぐらい前に分かれていたのでは」と推測している。

（参）『秋田犬』宮沢輝夫（文春新書）

北前船が運んだもの

北前船は、江戸の商人・河村瑞賢が寛文十二年（一六七二）に酒田から江戸までの西回り航路を開き、商業ルートが確立された「買い積み船」のことだ。それまでの東回り航路は、北海道から津軽海峡を抜け太平洋を南下していた。これだと確かに距離は短いが、潮流が複雑で遭難の危険が大きいコースのために開発された航路である。

北前船の大きな目的は北海道のニシンにあった。これを田んぼや畑の魚肥として瀬戸内沿岸で売るのが目的だ。阪神地方から北海道に向かう「下り船」を空（から）で出すわけに行かないので木綿や古着、灘の酒などを積み込み、途中の寄港地で塩、砂糖、酢やそうめん、和紙や御影石、鉄などを買い、さらに各港で売買しながら航海をした。俵や縄、むしろまで積み込んでいたのはニシンや昆布を包むためで、米のとれない北海道にはワラがなかったからだ。

秋田では金浦、本荘、土崎、能代などに寄港して積み込んできた品物を売り、米やタバコ、酒といったものを買い積んで北進した。

といっても秋田の米やタバコ、酒が特別に味や品質が優れていたというわけでなく、関西では通用しないが北海道なら喜んでくれる、という程度の評価だったらしい。

「上り荷」は北海道の海産物である。ニシンの加工品を中心に塩鮭、塩鱒、昆布、干しアワビに干しナマコなどを買いこんだ。アワビやナマコは俵に包んで中華料理の食材として長崎から中国に輸出されるので「俵物」と呼ばれた。

さらに南進する荷には途中の下北半島や陸奥湾でヒバ材や雑穀、秋田からは杉や米、酒田からは紅花、富山からは薬や陶器などが積み込まれた。

北前船の時代は一五〇〇年ほど続いた。

大陸にも近く、太平洋にくらべて航海がしやすかった日本海・海運ルートは物流の中心となり、このころはこのルートが「表日本」だったといっていい。

北前船が衰退しはじめるのは明治二十年代から三十年代。鉄道が施設され、その整備の進行に反比例するように北前船は消えていく。

電信の発達も大きい。各地の物価や漁獲量、作物の出来、不出来などの情報を多くの人が瞬時に知り対応ができるようになった。

情報不足を利用した買い積み船としての北前船のうまみは失われていく。

さらに函館港が国際港として開港した。今度は逆に東回りルートが海運の主役になったことが北前船の凋落に拍車をかけた。しかし最大の衰退の理由は産業構造の変化である。明治政府の東京中心の政策で、日本海側が「裏日本」化していったことも見逃せない事実だ。

（参）『海の総合商社北前船』加藤貞仁（無明舎出版）
『北前船と秋田』加藤貞仁（無明舎出版）

米と鉱物と木材はどこに運ばれたのか

昔から秋田は米がたくさんとれ、鉱山や秋田杉といった資源が豊かな国といわれた。でもその米や木材、鉱物は、あの交通の便の悪い時代に、どのような輸送手段で、どこに運ばれていったのだろうか。

江戸時代、陸路の輸送は牛馬がよくつかわれていた。馬は奇蹄類で足が細く下りや山道に弱いので、峠越えなどは偶蹄類の牛の仕事だった。蹄（ひづめ）があると踏ん張りがきいたからだ。

牛馬が運べない大きく重いものは川や海を利用して船で輸送した。

特に秋田杉は戦国時代から海上輸送の「ドル箱商品」だった。木都である米代川河口の能代港から積み出され、朝鮮征伐を目論んだ豊臣秀吉の船を造るためにもつかわれたし、秀吉の伏見城の築城用にも大量に輸出された。秀吉の愛した杉なので「太閤（秀吉）板」とまで呼ばれたほどだ。

運送や販売を請け負ったのは、後年、北前船の主役になる北陸周辺の船主たちだ。彼らは秋田杉の名声を全国に広げ、販路を広げていった。

銀も銅もやはり米代川から積み出された。

当時（江戸時代）、未曾有の経済発展中の中国に通貨の材料として輸出していたのだ。秋田の銀は大坂で精錬して純度を高めた上で、幕府が長崎へ運び貿易を独占していたオランダがそれを買い付け、中国に持っていって売るのである。質のいい秋田の銀は硬貨として最適だったのだ。

当時の大航海時代は西ヨーロッパの他の国も似たりよったりで、経済をまわすために必要な通貨（金や銀）を探し、世界中に植民地を作り出していた時代である。

銅は江戸時代を通じて幕府の重要な輸出品で、その日本一の産出地が阿仁銅山だったのである。

米はさすがに外国までは行かないが、戦国時代ならば大坂、江戸時代になると江戸に送られた。大坂へ行くのは売るための米で、江戸へ行くのは参勤交代などで駐留している秋田藩邸の武士やその家族の食糧であり、売って給与とするためだった。

当時の江戸には将軍の警護や幕府の仕事のために一〇〇〇人以上の秋田藩の人たちがいたという。

米ぐらい江戸で買えばいいのに、という方もいるかもしれないが、関東地方は米の生産量が少なく、人口の多い江戸は常に米不足の状態だったため、日本各地の大名はみな自分の国許から米や生活必需品を持ち込んで、つつましく暮らしていたのである。

（参）『海の総合商社北前船』加藤貞仁（無明舎出版）

酒のルーツは山形にあった！

「米の秋田は酒のくに」――これは秋田県酒造組合のキャッチフレーズだが、お酒といえば秋田といわれたのは県民一人当たりの清酒消費量の多さからだ。消費量で秋田はずっと日本でトップの座を占めていたのだが、九〇年代に新潟県に抜かれている。新潟県人は自分で飲まず、他県に送る消費量が秋田よりずっと多いといわれている。

意外な事実だが、「酒の国秋田」は、江戸や明治の時代から日本酒王国と言われていたわけではない。

明治以前は酒といえばメグリ酒（ドブロク）とスミ酒（清酒）の二種類で、秋田でスミ酒といえば山形県鶴岡市郊外の大山地区で造られた「大山酒」のことを意味した。

当時の秋田の酒は劣悪で、秋田市よりも人口が多かった院内銀山でも、酒はわざわざ大山酒を取り寄せて飲んでいたという。

大山は鶴岡にくらべると吹けば飛ぶような小さな町だが、江戸の宝永二年（一七〇五）、すでに三二軒もの酒蔵があり、運上金（酒税）が一二六貫七二〇文あったという記録が残っている。天正十五年（一五八七）に最上氏の手におちるまで、室町時代から武藤氏が二十代にもわたって治めた庄内の一大拠点だった。そのため文化が栄え醸造業も活発だった。

徳川幕府が成立して間もなく最上氏は改易（領地没収）され、大山地区は庄内藩（酒井氏、居城は鶴岡）になった。その後、酒井氏の分家である大山藩一万石ができたが、藩主が若死にしたため徳川幕府の天領となった。そのため自由交易（隣りに加茂港がある）が発達し、秋田や新潟、加賀、仙台、はては北海道・松前まで酒を送り出す一大基地となった。東北では随一といっていい酒産地である。

のちに「東北の灘」といわれることになる秋田の湯沢地区では、この大山酒の技術、酒造りを目標に掲げ、現地研修に出かけ酒造りを学んだ。おひざ元の院内銀山の酒の需要を頭越しに山形にとられる悔しさもあったのだろう。

ドブロクに熱心なお国柄もあり、こと清酒の普及、技術革新、輸出対策には、実は山形から大きく遅れをとっていたのである。

余談になるが、庄内地方の駅にある観光物産店には「山形産いなにわうどん」が売られている。「盗人猛々しい」と秋田県民は顔をしかめるが、これも大山へ酒造りを学ぶために移り住んだ湯沢の人たちが伝えたものといわれている。

「東北の灘」として一躍全国区に名乗り出た銘醸地・湯沢の基礎は、実は山形・庄内地方にあったわけである。

（参）『秋田県史第五巻』秋田県
『秋田県酒造史』秋田県酒造組合編

酒の大恩人——星野友七と花岡正庸

「秋田の酒」が全国にその名を広めたのは明治の終わりから大正、昭和にかけてだ。明治四十年（一九〇七）にはじまった「全国清酒品評会」で両関をはじめとする秋田の酒蔵が次々と優秀賞を受賞し、「東北に灘あり」という名声がわきおこった。

幕末から明治にかけ秋田の酒造りを担ったのは「長野杜氏」という人たちだった。

江戸時代の秋田では一人平均年間一石（清酒と濁酒あわせて）も飲んでいたというから、いまと変わらず酒飲み天国には違いないが、酒質のほうはお世辞にもほめられたシロモノではなかった。

そのため秋田藩では酒質向上のため慶応元年（一八六五）、伊勢の国から星野友七という酒造技術者を招いている。

星野は三年あまりかけて県内を回り酒蔵を指導した。

そして明治元年（一八六八）、長野（現大仙市）の地に移住し、酒造りや杜氏養成に生涯をかけた。この門下生たちが全県に散り「長野杜氏」の名前は広まっていった。星野は大正六年（一九一七）、八十一歳でこの長野の地で没した。

秋田の酒造りの基礎を作ったのが星野ならば、その基礎の上に全国区の大輪を咲かせたのが花岡正庸だ。秋田の酒造業界の救世主といっても過言ではない。

花岡は長野県生まれ、大阪高等工業学校醸造科に学び、四国の丸亀税務監督局から大正七年（一九一八）に仙台税務監督局に赴任してきた。

そして秋田の酒造業界から請われ大正十四年（一九二五）、花岡は秋田の専任技師になり、県内の酒蔵を精力的に歩き回り技術指導にあたった。よほど秋田と相性がよかったのだろう。

無名の酵母を発見しては、いくつかの蔵に酒を造らせ、全国的な品評会で次々と賞を取らせた。全国の清酒品評会上位一〇点中なんと七点まで秋田の酒が独占したこともあったほどだ。

さらに両関の伊藤忠吉が開発した低温長期醸造法を秋田に適したものとして理論化し、県内酒蔵に定着させたのも花岡の功績である。

花岡の歩いた跡には優良酵母が生えてくる、という伝説さえ生んだ。

昭和七年（一九三二）、秋田県醸造試験場ができると花岡は初代場長に就任。

昭和十七年（四二）に場長を辞め、昭和十九年（四四）には東京から生まれ故郷の長野に帰った。そして昭和二十八年（五三）三月、指導のため訪れていた矢島町の酒蔵「天寿」で倒れ永眠した。六九歳だった。

花岡は大正九年（一九二〇）ころ、すでに三〇回掛け（精米歩合七〇パーセント）の日本初の「吟醸酒」を試作している。

（参）『秋田県史第五巻』秋田県
『秋田県酒造史』秋田県酒造組合編

「あきたこまち」誕生秘話

一九八四年、「あきたこまち」は彗星のように登場した。

「何もかも八〇点以上。こんな米はこれから出てこないかもしれないね」と当時取材した農家の友人が絶賛したのを覚えている。「何もかも」とは栽培、食味、人気を指す。ブランド米の王様といわれたコシヒカリでさえ、味や人気はともかく栽培技術上は病気に弱く倒れやすい、農家泣かせの困った品種だったのである。

それまでの秋田では、味はそれほどいいとはいえないが安定多収のキヨニシキやアキヒカリが作付けのメインだった。コシヒカリの評判は高かったが、寒冷地では実りが悪く、福島が栽培の北限で秋田では栽培に無理があった。「米の国」を看板に掲げながら、肝心の人気アイドル「コシヒカリ」にはそっぽを向かれたままだったのである。

人々は経済的に豊かになるにつれ「安定多収」よりは「個性的でうまい」米を求める時代になりつつあった。

そこで秋田県農業試験場では一億五〇〇〇万円の巨費を投じ「味がよく多収で秋田の土壌にあった」独自の県産育種に取り組むことになる。

そして八年後の一九八四年、味のコシヒカリと安定多収の奥羽二九二号を掛け合わせた「秋田三一号」（あきたこまち）が誕生する。

そのやわらかくて温かいネーミングや、県と農協が一体になった販促宣伝活動、さらにはバブル経済にも後押しされ、あきたこまちは一挙に全国区に登りつめる。

四年後の一九八八年には、それまで県の作付面積トップの座にあったキヨニシキを軽々と追い抜いた。「こまち革命」という言葉まで生まれるほど、秋田県全体を巻き込んだ大フィーバーだった。

ひとつの品種にこれだけ高い比率（現在県内約八割で作付け）で農家が飛びついたのは、実は秋田県の農業史でこれが初めてではない。

さかのぼること大正十年（一九二一）、東北農試（秋田）によって育種された陸羽一三二号は日本最初の人工交配による優良品種で、「良味、多収で冷害、病気に強い」という三拍子がそろい、東北の稲作を飛躍的に発展させた。昭和初期の東北大凶作のときも、当時の農林大臣をして「陸羽一三二号がなければ被害は一〇倍近くに及んだ」と言わしめたほどだった。

「あきたこまち」はこの陸羽一三二号を凌駕する勢いで全国を席巻した。コシヒカリという人気品種を生産できなかったコンプレックスが産んだスーパースターといっていいのかもしれない。

（参）『あきたこまち物語』読売新聞秋田支局編（無明舎出版）

ドブロクと自殺率

人口一〇万人あたりの自殺率は秋田が全国一だ。

多くの人たちの努力で自殺率は年々下がりつつあるのだが、こうした傾向は一朝一夕に挽回できるものでもないようだ。

一九七七年に出版された野添憲治・真壁仁編著『どぶろくと抵抗』には、七〇年代にこの自殺率の高さに注目した朝日新聞秋田県版の記事が引用されている。

これが秋田の自殺率に注目したもっとも早いレポートではないだろうか。

その記事によると秋田県の自殺率は昭和三十六年（一九六一）までは全国平均より低かった。翌六二年になると人口一〇万人あたりの自殺率は一八・〇（人）と、ここで初めて全国平均一一・一（人）を上回った。

以後、自殺は増え続け昭和四十九年（一九七四）には二四・三（人）と全国平均の一七・五（人）をはるかに超え、全国トップの座に踊り出てしまう。

ターニングポイントになった昭和三十六年（一九六一）は農業基本法ができた年だ。農業県・秋田にとっては大きな変革の入り口で、三年後の東京オリンピックのために町村から出稼ぎが本格化した。農業基本法で、小規模農業の経営がむずかしい局面においやられたからだ。出稼ぎが定例化すると、自給自足と相互扶助のコミュニティーが形成されていた「村」に現金収入が入るようになった。

現金収入は村の暮らしを一変させた。村も市民社会と同じく経済優先、個々の家々のつながりも希薄になっていく。

ドブロクが村から消えていったのもこのころからだ。「一日働けばドブロク一升飲める」という暮らしが「出稼ぎで一日働けば上等な清酒が三升飲める」という価値観に変わっていったのだ。当時は密造酒があたり前の時代で、どこの農家でもこっそりと密造酒を造っていた。

ドブロクは村人の冠婚葬祭や共同作業に大きな意味をもっていた。何かがあれば人々は集まってドブロクを酌み交わし、議論をしながら村や個人の問題を解決してきた。ドブロクは村人同士の精神の接着剤でもあったのだ。

そのドブロクが村から消えると家と家の間には目に見えない塀ができるようになった。出稼ぎやパートで現金が入れば、隣家にモノや金を借りに行く必要はない。受験地獄でお隣と競争し、家具や車で張り合うようになる。さらに農作業の機械化で老人たちの知恵は無用のものになった。

老人は村の邪魔もののように扱われはじめるようになる。

農業基本法が出稼ぎを生み、現金収入がドブロクを駆逐し、役目を失った老人が自殺に追い込まれていく……。

荒唐無稽な笑い話とはとても思えないリアルさを感じてしまうのは私だけだろうか。

(参)『どぶろくと抵抗』野添憲治・真壁仁編(たいまつ社)
『どぶろく王国』無明舎出版編(無明舎出版)

クマの食べ方

仕事柄、マタギやクマを撮るカメラマンなどに知り合いがいる。

だからクマ肉を食べる機会には事欠かない。しかしクマ肉を「うまい」と思ったことは正直、一度もない。食べ方はブツ切りしたクマ肉をミソ仕立ての鍋で野菜とグツグツ煮込むか、カレーライスに入れるか二つに一つのようだ。

友人の関西の料理人たちが「クマはうまいよ」と、京都のクマ料理屋さんに誘ってくれた。

あのクマが本当にうまいのか。「京都まで来る価値はあるよ」と言う友人たちの「真意」を確かめるために、のこのこ京都まで出かけてきた。

クマ料理屋は京都市街から車で三〇分ほど走った鞍馬の貴船町にあった。春は山菜・タケノコ料理、夏は川床でアユ、秋冬にはイノシシとクマを食べさせてくれる老舗の料理屋だ。

炭火の燃える囲炉裏に醬油ベースのスープ（つゆ）鍋が用意されていた。皿には薄くスライスされたクマ肉がきれいに盛りつけられている。それを土鍋のスープにくぐらせ、セリやエノキタケ、ネギ、白菜、豆腐などと食べる。スープにもクマ肉にも特別の工夫や調理上の隠し技は何もありません、と店の人は言う。

クマ料理は昔から京料理のひとつとして認められているものだそうだ。

秋田と決定的に違ったのは食べ方だった。

食材をグツグツと鍋の中で煮込まない。シャブシャブほどではないが、肉は数分泳がせただけで取り出し食べる。煮詰めると肉のうまみが抜け出てしまうからだ。肉を薄くスライスしているのは表面に火が通ったらすぐに食べるためだ。味はあっさりとして臭みやくどさはまったくない。

最初にクマ肉だけを食べ、スープの中にクマの脂が浮き出した頃を見計らい野菜を入れる。クマ肉をくぐらせたスープは薄い脂の膜ができ、比内地鶏のスープと似たコクが出ている。このコクの出たスープで野菜を食べる。最後は細めのうどんを入れてシメ。クマ肉はクセが強くて食べにくいという先入観はいとも簡単に吹き飛んでしまった。

「秋田でも比内地鶏スープでクマ鍋にして、シメにいなにわうどんをいれたら郷土料理になるんとちゃう?」

と料理人のHさんに言われた。

秋田のクマ鍋は肉も野菜も一緒くたにグツグツと煮込むのが定番だ。これがクマ肉のうまみを損なう結果になっていたのだ。

肉を薄くスライスし、具材を煮込まない。これがクマ鍋をおいしく食べるコツだったのだ。

秋田で「お札」を印刷していた

秋田市アトリオン地下の「あきた県産品プラザ」の隣のフロアーでは、不定期で骨董市が開かれている。

ある日、フラリと立ち寄ると「秋田工場製造」とメモの入った「拾円紙幣」が売られていた。額装されていて値段は二万円。好奇心に負け、半額に値切って購入した。

帰って紙幣の由来を調べてみた。次から次へと驚くべき事実や不可解な来歴が吹き出してきた。翌日は県立図書館にこもって、この紙幣にまつわる記録を古い新聞記事（マイクロフィルム）から探しだすことに熱中した。

紙幣の由来はこうである。

終戦直後の昭和二十一年（一九四六）、GHQ占領下の秋田市・聖霊高女（現在の秋田聖霊高校）体育館で、造幣局の下請けである大日本印刷が一〇円札を刷っていた。

当初は大蔵省の管理工場として「ろ号拾円券（旧拾円札）」を刷っていたが、すぐに「新円切り替え」（インフレを抑制するための対策）に伴い「A号拾円券」の大量製造に変更された。太平洋戦争の激化で大蔵省印刷局の主要工場が空襲でやられ、優秀な技術者も戦場に駆り出され、民間パワーに頼らざるを得なくなったのである。もちろん印刷はすべて極秘裏に進められた。

私が買った紙幣は図柄に国会議事堂が印刷された「A号拾円券」で、右肩に赤色で「13224」という印刷番号が入っている。

最初の「1」は俗に捨て番号で様式を示している。末尾の二ケタが製造工場を示す符号で「24＝秋田」。まちがいなく秋田で製造されたものだ。なかの「32」という数字は製造記号（グループ種類番号）だ。

「一日の製造量は一二八万枚。秋田工場の延べ稼働日数は昭和二十一年一月末から同五月末まで、ざっと一二〇日。印刷総量は一億五千三百六十万枚（十五億三千六百万円）」と昭和六十三年（一九八八）十二月十六日付の秋田魁新報は報じているが、この枚数も推測のようだ。

紙幣印刷については関係者の間で厳しく口止めされており、体操場の中も金網が張られ、廊下には警官の詰め所までつくられていたという。

刷られたお札は日銀秋田支店に納入され、量がたまると秋田駅貨物ホームから羽越線経由で東京・秋葉原まで運ばれた。

紙幣の紙質は粗悪なパルプ再生紙。「こうぞ」や「みつまた」など良質の原料はわずか三パーセントほどしか混入されていない。

この拾円紙幣、まだまだ知られざる物語が秘められていそうだが、残念ながら当時の記録や資料は何も残っていない。

（参）『秋田魁新報』（一九八八年十二月十六日号）

秋田に原発がない理由

「秋田に原発がないのは何か理由があるのですか？」

という質問が県外の読者からあった。

日本に初めて原子力の火がともったのは昭和三十二年（一九五七）、茨城県東海村だ。

その後、原発の適地を探していた東北電力に対して「誘致宣言」をしたのが昭和三十五年（一九六〇）で、これは東北六県で秋田県が最初だった。

政府や東北電力が出した条件は「住宅地から二キロ離れていること、三〇万坪の敷地があること、危険度などから産業性の低い地域」とのことだった。

秋田市の雄物川、能代市の米代川、本荘市の子吉川の河口が適地として名前が挙がったが、県都である秋田市はすぐに候補から外れ、能代市と本荘市の一騎打ちの形となった。

この時点で秋田県に「第二の東海村」が誕生するのは時間の問題といわれた。

時代を少し前にもどる。

原発誘致に先立つ一九五四年、原子力を推進する日本のトップである東京電力の会長は雄勝町出身の菅禮之助（一八八三〜一九七一）だった。この人物こそ日本のエネルギー業界の頂点に立つ人物で、五六年には（社）原子力産業会議会長になっている。

さらに驚くべきことにこの時期の政権与党・自民党の「官房長官」は、衆院秋田二区選出の根本龍太郎である。加えて科学技術庁政務次官は同じく衆院議員の齋藤憲三（一八九八〜一九七〇）だ。齋藤は仁賀保町出身、ＴＤＫ創始者で、熱心な地元への原発誘致論者だった。

これで本荘市への原発誘致でほぼ決まりと思われたのだが、そうはならなかった。同じ秋田県内に思いもかけぬ強力なライバルがいたのである。

衆院一区選出の佐々木義武（一九〇九〜一九八六）だ。佐々木は生え抜きの官僚で五六年、初代の原子力局長である。佐々木は「エネルギー問題がライフワーク」で、のちに科学技術庁長官や通産大臣を歴任することになるのだが、斎藤とは別の能代誘致に熱心だった。

しかし候補地となったのは本荘でも能代でもなかった。

昭和四十三年（一九六八）一月、東北電力は原発候補地を宮城県女川町に決定した。

秋田のはしごがはずされた理由が記された文献資料は存在しない。

だから落選の理由は未だ不明なのだが「秋田は地震が多い」というのが決め手だった、といわれている。

当時、原発の安全性をめぐって物理学者と政治家の間で激しい論争が続いていて、採用が決まっていた英国型原子炉は耐震性に問題があったからだ。

他にも都市部への送電ロスや、地元の誘致活動が盛り上がりに欠けた、ことを指摘する人もいる。

（参）『朝日新聞秋田版』（二〇一一年三月一二日〜三月二七日）
『秋田魁年鑑』秋田魁新報社編

隠れキリシタンと梅津憲忠

秋田市の広小路、木ノ内デパート向かいにキリスト教関連の書籍を販売する「ロゴス書院」がある。この書店裏は広い敷地を持つ秋田カトリック教会だ。

この場所は「梅津憲忠の屋敷跡であった」と書かれた資料がある。

昭和四十九年（一九七四）十月二十一日から十二月十一日まで計二六回にわたって秋田魁新報に連載された「秋田のキリシタン」だ。執筆したのは当時の横手カトリック教会主任司祭のフリードリヒ・ビールブセ神父。ドイツ生まれの日本通で、ダンテの『神曲』の日本語訳をした人としても高名なキリシタン研究家でもある。

梅津憲忠は秋田藩主・佐竹義宣の家老で、キリシタン弾圧の指揮をとった人物である。

弾圧した家老の屋敷跡に弾圧された側の教会が建っている……？

秋田にキリスト教が布教されたのは慶長八年（一六〇三）ごろと言われている。慶長十一年（一六〇六）には院内銀山が発見され、ここには全国各地から失業武士や隠れキリシタンが集まった。鉱山は「公政不入り地」で、大量の労働者が必要だったため藩の規制が緩かったのだ。

徳川幕府が禁教令を出したのは慶長十九年（一六一四）。この三年後には秋田領内でも二〇人のキリシタンが追放されているが、その取り締まりはまだ緩やかなものだった。慶長二十年（一六一五）には幕府による「武家諸法度」が制定され、キリシタンの取り調べが厳しくなり亡命、潜伏、転宗が目立つようになる。

迫害が本格的になるのは一六二〇年代に入ってからだ。秋田藩主・佐竹義宣は、家老の梅津憲忠に命じて藩内取り調べを強化、処罰の厳重化が始まった。

寛永元年（一六二四）がもっとも厳しかった弾圧の年だ。秋田藩各地で殉教したキリシタンの数は一〇九人、一六三〇年にも五〇人の殉教が記録されている。その禁教弾圧の指揮を執った梅津憲忠の屋敷跡に現在の秋田カトリック教会は建っている、とビールブセ神父は断言し、「興味深い関係」とまで書いている。

秋田カトリック教会は明治十六年（一八八三）、秋田市下丁（楢山）に建てられ、数年後、現在の広小路に移転している。『秋田カトリック教会創立百周年記念誌』によれば、この引越しの経過については「古川堀反町、疋田家老邸購入、移転」とのみ記されている。

当時この場所は「疋田家」のものだったのは間違いない。

さすればビールブセ神父の新聞記事は「まちがい」の可能性も高い。

しかし梅津憲忠が生きた時代から疋田家購入までは二〇〇年以上の歳月が横たわっている。この間、梅津家と疋田家の家屋敷跡は動かずにそのままだったのだろうか。

ビールブセ神父のミスリードと決めつけるには、資料が少なすぎる気もするのだが。

（参）『秋田魁新報』（一九七四年十月三十一日号）
『秋田切支丹研究』武藤鉄城（翠楊社）
『秋田カトリック教会創立百周年記念誌』（同編集委員会編）

ボブ・ディランは「秋田好き」

ノーベル賞受賞詩人で歌手のボブ・ディランは、一九九七年と二〇〇一年の二回、秋田市で公演している。

あまり売れていないインディーズ・バンドですら秋田を飛ばして仙台や札幌といった大都市でしか公演をしない時代、世界的ビッグ・アーティストが秋田で公演するというニュースは全国的な話題になったほどである。

いまも音楽関係者の間では「なぜボブ・ディランはあんな田舎で公演したのか」という伝説(うわさ)が、憶測まじりで語り継がれているのだそうだ。

そのいくつかの伝説的エピソードのなかに「ミネソタ州立大学機構秋田校(〇三年閉

校）にボブ・ディランの娘が入学していて、その娘に会うため秋田でコンサートをした」というものがある。

この話には秋田空港付近（大学のそばにある）でディランと若い外国人女性が手をつないで歩いていた、という目撃情報とセットで語られる入念さだ。ちなみにディランはミネソタ州ダルースというところで生まれている。

これを荒唐無稽な都市伝説と笑うのは簡単だが、このボブ・ディラン秋田伝説は秋田限定の地域ネタではない。

ボブ・ディランの熱烈なファンで、エッセイスト兼漫画家として高名なみうらじゅん氏が「ほぼ日刊イトイ新聞」というウエッブページにこんな趣旨のことを語っている。

「客もあまり入らない秋田県で公演を行うのは『おや？』と思っていました。ボブ・ディランはかならず二月か三月に来日します。これはイベンター（招請元）の人に聞いたのですが秋田ではハタハタとキンキの季節です。ディランは実はハタハタとキンキが気に入っていて、客があまり入らない秋田に行くんだろうと、ぼくは思っているんです」

「ハタハタとキンキ」は彼一流のシャレだろう。みうら氏は毎回ディランの日本公演ツアーに同行し、もちろん秋田にも来ている。そしてディランはなぜか「北国の少女」

という曲を秋田公演でのみ歌うのだそうだ。

「北国の少女」と「生まれ故郷ミネソタ」と秋田県が誘致した「ミネソタの大学（正確には専修学校）」を、ムリヤリ一本の線で結べば、なるほど「娘の秋田留学説」の下地が生まれてくるのもそう不自然ではない。

ディランの秋田公演をプロモート（主催）したS氏に取材すると、秋田公演が実現した理由は単純だった。

仙台公演を主催した地元放送局が東北でもう一カ所公演できる契約（権利）をもっていたため、だそうだ……夢のないオチで申し訳ない。


（参）『ほぼ日刊イトイ新聞』（みうらじゅん談）

リヒテルの超わがまま

二〇世紀ソ連が生んだ超絶技巧の天才ピアニスト、スビャトスラフ・リヒテルの秋田公演は一九八八年九月十五日に行われた。

その日の演奏を私は聴いている。

ピアノの前に座ったリヒテルは、しばらく瞑想（めいそう）してから、ゆっくりと曲を弾きはじめた。客など眼中にないかのように黙々と弾き続けて、終わるとそそくさとステージから消えた。

最前列の席で私は息こらして聴き入っていたのだが、演奏中の表情はまったく変わることなく、薄暗いステージのなかで顔だけがほの白く浮き上がり、まるで映画「地獄の黙示録」のマーロン・ブランドを観ているような不気味な印象だった。

このコンサートは何もかも異例ずくめだった。

秋田公演は来日中のリヒテルの希望で急きょ決まったものだった。

飛行機嫌いのリヒテルは新潟から北海道へ電車で移動中、「また秋田で演奏したい」と言い出したと言われている（前年、室内楽団の一員として来秋している）。

あまりに唐突なリクエストだったため、当時最もキャパシティーのあった県民会館はもちろん使えず、山王にある県児童会館が会場になった。

チケットやパンフも印刷できず、前宣伝の時間的余裕もほとんどない中でのコンサートだったのである。

秋田のプロモート先は急きょ記者会見を開き「巨匠リヒテルが秋田で演奏会」という記事をメディアに流してもらった。

私もこの記事に驚きチケットを買った一人だ。チケット代は当時としては最高額の五千円だった。

問題は宿泊先だった。

リヒテルは「ヤマハ」のピアノを愛用し、大変な練習魔で、宿泊先に練習用ピアノを持ち込むのが宿泊条件だった。

が、秋田市内のホテルではどこもこの条件を満たせなかった。

唯一、部屋の入り口を改築してもリヒテルとピアノの宿泊をいとわなかったのが駅前にできて間もないホテルだった。


リヒテルは開演時間が一五分以上過ぎてから悠然と登場した。

当時の関係者の話によると、客がすべて入り終わってから会場に到着したのだそうだ。

薄暗い照明の中にリヒテルが現れたとき、会場には拍手よりも「本当に秋田に来たんだ」という驚きと安堵のまじりあったざわめきがおきた。

このときリヒテル七三歳、七度目の来日だった。

チケット発売から公演当日までわずか五日間、秋田県興行史のなかでも特筆すべき大事件といっても過言ではないだろう。

入り口を壊してまで宿泊を許可したホテルの英断も評価してあまりあるものだ。

小畑知事の大ばくち

昭和三十年代、四十年代を経て五十年代半ばまで、延々と六期二十四年間も知事を務めた人物がいる。小畑勇二郎だ。

昭和三十年（一九五五）、小畑は県庁職員から知事選に立候補し、保革両勢力の支援を受けて初当選した。

保革両陣営から均等に票を集めるというのもすごいが、これは次のような背景があったためだ。

小畑が知事に立候補する前年（一九五四）、秋田県の年度末累積赤字は一五億円もあった。これは県税収入の一・五倍にあたり、すでに「赤字額が標準財政規模の五パーセントを超えた破産状態」に当たっていた。農村には働き口のない二、三男があふれ、国の財源措置不足などもあったが、県財政は悪化の一途をたどっていた時期だ。

そして昭和三十一年（一九五六）、予想通り秋田県は「地方財政再建促進特別措置法」の適用を受けることになる。

こうした厳しい財政のただなかでの知事選であり、県財政たてなおしの期待を一身に受けた、党派を超えた危機感のただ中での知事選だったのである。

当選すると小畑は、赤字財政に転落して厳しい国の監督下におかれて、委縮し続ける県のかじ取りに着手することになる。

小畑知事は誰もやりたがらない荒波の中の航海を引き受けた船長だったのである。

その小畑が最初にぶち上げた、県に活気を取り戻すための施策は「大ばくち」と称されるものだった。

八郎潟干拓事業と第一六回秋田国体（国民体育大会）の誘致である。

干拓は国の事業だが秋田県にとっても計り知れないメリットのある大事業であった。

問題は国体誘致だった。秋田より先に新潟県がすでに名乗りを上げていたし、なにより国（自治庁）は地方財政を圧迫する国体を、財政再建団体が開催することに猛反対した。当然である。

しかし東北初の単独県による国体開催は昭和三十六年（一九六一）に実現し、秋田国体は大成功のうちに幕を閉じた。質素さを売りにした民泊や既存施設利用が「まごころ国体」と賞賛され、道路網の整備や県特産品の見直し、産業、経済、文化の諸方面に及ぼしたメリットは予想以上に大きかった。

「秋田県は二十年の遅れを一挙に国体で取り戻した」と県内外から評されたほどだ。

小畑は「財政再建一〇カ年計画」を、二年前倒しの八年で借金完済を果たした。

小畑が幸運だったのは当時の秋田県選出の政治家が、石田博英、笹山茂太郎、根本龍太郎、斉藤憲三、佐々木義武といった与党の官房長官や大臣級の国会議員だったことだ。

こうした議員たちを後ろ盾に中央とのパイプを最大限に利用し、国から金と事業を引き出したのだ。

六期二十四年という長期政権は赤字再建団体という劣等感をバネに保ち得たものなのである。

なぜシカはいなくなったの

秋田にニホンジカはいない。少なくとも二〇〇〇年ごろまでは目撃例はなかった。県版レッドデータブックにも「ニホンジカは絶滅種」と指定されている。

ところが二〇一〇年あたりから県内各地でニホンジカの目撃があいついで報告されるようになった。その多くは岩手県側から移動してきたものといわれている。

ちなみにカモシカは「シカ」ではなくウシ科の哺乳類だ。

ニホンジカはシカ科シカ属だ。カモシカは一定の縄張り内で単独で暮らすので生息密度は低いが、シカは群れで暮らし生息密度が高い。食欲も旺盛で、必要があれば柔軟に移動して歩き、その食性も幅広くどん欲といわれている。そのため食害の影響は深刻で、山野の小動物のエサが減れば生態系にも影響を与える恐れがある。

ニホンジカはもともと東北地方には広く生息していた。

それが江戸から明治期にかけて、秋田では狩猟のために絶滅した。

増えすぎて農産物を食い荒らす獣害とみなされたのが消えた原因である。

「(秋田では）明治十九年（一八八六）の大雪で山にシカの食料が亡くなり、この時、ほぼ絶滅した」という古老マタギの証言も残っている。

男鹿半島はその名からもわかるように古代からシカの生息地だった。

それが秋田実季（さねすえ）の時代（佐竹氏の前の秋田領主）に、狩りのため途絶えてしまった。

ところが秋田藩二代藩主佐竹義隆の時代に二匹、その後、一匹と三匹を野に放したら「次第に増え、田畑を荒らすようになり、鉄砲で打ち取らせた」という記録が『国典類抄』に残っている。

シカは転封された佐竹の殿様が、皮を武具や太鼓などに使う目的で藩外から連れてきて、城内で飼っていたものだ。

たちまちに増えて農作物に害を与えるようになり、藩はマタギたちを動員してシカ狩りに乗り出し、約六十年間で五万五千頭ものシカを捕殺したという。野に放ってからわずか一〇〇年余りの間に、シカは膨大な数に膨れ上がってしまったのだ。

ちなみにイノシシも秋田県には生息していない。それが平成十一年（一九九九）、湯沢市秋ノ宮で初めて捕獲され、以後目撃例がつづき、出没範囲は全県に及んでいる。

イノシシは雪国への適応は難しく、長く宮城県が北限とされていたのだが、近年の温暖化による積雪量の減少や、人口減や高齢化に伴う中山間地域の耕作放棄地の拡大などから生息環境が広がったとみられている。二〇一七年には県の有害駆除対象に加えられている。

（参）『マタギ動物誌』太田雄治（秋田魁新報社）

秋田の海と漁業が話題にならないわけ

「秋田の海で潮干狩りをしないのはなぜ?」

「魚の干物が少ないのはどうして?」

「三陸のように海の養殖場がない理由は?」

こうした疑問や質問を投げかけられたことはないだろうか。

答を先に書いておこう。

潮干狩りができないのは、内海のような日本海では海水の出入りがないから干満の差が少ない。そのため潮干狩りは無理なのだ。

魚の干物が少ないのは、湿気が多く、秋から春先までは日照時間が短く、干物加工は自然条件から難しいのだ。

養殖漁業が少ないのは、海岸線の多くが砂浜なためだ。その地形がネックになり漁船漁業に頼るしかないのだ。

秋田県は約二六〇キロの長い海岸線を有している。沖合は対馬暖流が北上し、リマン寒流が南下する地域で、実は北と南のどちらの魚も取れる。

すばらしい漁業環境なのだが、太平洋側のように単一魚種がたくさん取れないのが欠点である。ビジネスとしての漁業という観点からは「小魚種大量漁獲」が理想なのだが、秋田は典型的な「多魚種少量漁獲」漁業なのである（ハタハタを除けばだが）。

いろんな魚が取れても量がまとまらない。さらに地形と海流が他の地域と大きく異なり、海底が深く水温が低い特殊海域なのである。

秋田の漁業は六割が沿岸漁業で、残りの四割が沖合漁業である。

市場で高値のつく魚は仲買業者によって落札され、その多くが東京や新潟、金沢などの県外に輸送される。高速道の整備により八時間ほどで東京に着き、翌日の築地市場のセリに間に合うようになった。

秋田県民は地元で取れた魚の六～七割を県外に出荷し、自分たちの食べる魚のほとんどは県外（隣県）から買っているというレポートもある。

秋田で食べる魚はハタハタをのぞけば県外産と思ったほうがいい、という漁業関係者もいるほどだ。

秋田の海には二五〇種あまりの海藻が繁茂している。

日本列島の沿岸に広く生育している「アカモク」は秋田県民の大好物で「ギバサ」と呼びならわされる。他地域ではさして人気のない海藻なのだが、秋田では年中（冷凍で）店頭に並ぶ。そのため「ギバサ」を秋田特有の海藻と誤解している県民も多いが、基本的には全国どこでも食べているものだ。

殿様はハタハタを食べなかった？

秋田藩の史料である『国典類抄』には、秋田藩の初代藩主・佐竹義宣の正月・元旦料理の記述がある。その料理を現代に再現した写真を見ると、さすがに豪華で「殿様の食卓」である。アワビやタイといった縁起物から鯉の刺身やカラスミ、焼鳥にソーメンまで、実にバラエティに富んでいるのだが、ハタハタがみあたらない。この当時はいっぱい獲れたはずなのに、安価な庶民食ということで殿様は食べなかったのだろうか。

調べてみると確かにこの当時たくさんハタハタは獲れている。

網で獲る漁業がようやく発達したころで、産卵のために浜に押し寄せてくるハタハタを一網打尽に獲り尽くしているのだ。

でもそれは食べるためにだけ捕り尽くしていたわけではない。

食べるのはもちろんだが、それ以外のハタハタは大鍋で煮る。干して乾燥させ、石臼で引いて粉状にして魚肥にしていたのである。

その魚肥は新田開発の田んぼにすき込まれた。

イワシで肥料を作れば干鰯（ほしか）だが、ハタハタなので「干しハタハタ」だ。

牛馬の糞と落ち葉を混ぜて発酵させる悠長な方法では新田開発のスピードに追いつかない事情もあった。

食べるより魚肥をつくるほうが当時の藩にとっては財政上、大事な「商品」だったのだ。

米は貨幣である。その貨幣を生み出す栄養素がハタハタの魚肥だった。

その背景には江戸の経済発展があった。

一七世紀後半になると江戸は大開発時代に突入する。世界一の人口を有する江戸に米を持っていけば、いくらでも売れた。全国の大名たちは藩の経済のため新田開発に血眼になる。その新田開発にもっとも必要で重要なのが田んぼの肥料を作ることだった。

余談になるが、各藩が血眼になって作ろうとした「魚肥」には巨大なビジネスの種が潜んでいた。日本でただ一ヵ所、大量に魚が獲れるのに新田開発と縁のない場所があった。蝦夷地と言われた北海道である。寒冷地の北海道で米はできない。なのにニシンは腐るほど獲れる。

ここに目をつけたのが近江商人に代表される関西資本だった。北海道の豊かな漁場の魚を加工して肥料を作れば、いくらでも売れる。船を仕立てて買い占めれば莫大な利益をあげることが出来る。

「米」「魚肥」「北海道」……この三つのキーワードが複雑に絡まり「北前船」というアイデアは生み出されたのである。

オランダのためにできた大潟村？

誤解している人もいるようだが、大潟村は八郎潟の水を吸い上げてできた海抜ゼロメートルの干拓地。埋め立て地ではない。もし周囲の堤防が決壊すれば全村が水浸しになる危険性をもった「頭上は海の村」なのである。

戦後の食糧難からコメ増産が急がれ、干拓技術に優れていたオランダ政府の協力で八郎潟（約二万二千ヘクタール）は昭和三十九年（一九六四）、約一万七千ヘクタールの新生の大地に生まれ変わった。

なぜ唐突に極東の島国のそれも北辺の湖に「オランダ」が登場するのか、奇異な印象を持つ人もいるだろう。

日本政府が八郎潟の干拓をオランダの技術と人に頼ったのは、ひとえに政治的配慮と意図によるものである。

第二次世界大戦で日本軍はオランダの植民地だったジャワ、スマトラを占領し、多くのオランダ人を殺害した。そのため戦後も両国の関係は悪化したままだった。当時の吉田茂首相は両国の友好関係をつくりあげ、対日講和条約にオランダに署名してもらう目的もあり八郎潟干拓をオランダとの共同事業として画策したのである。

八郎潟は水深が三～五メートルと浅く、湖底は平坦で肥沃な粘土土壌、干拓しやすい条件は備わっていた。八郎潟はただの「冠水した農地だ」という学者までいたほどだ。昔から不安定な漁業より安定した農業への転換を主張する地元政治家も多かった。

八郎潟の開発計画は江戸時代から何度も立てられたが、なかなか実現までには至らなかった。明治に入っても秋田権令（知事）島義勇が開発計画を立てたが失敗。その後も大正十三年（一九二四）、昭和十六年（四一）、昭和二十三年（四八）と、国家プロジェクトとして干拓計画は立てられるが、財政事情の悪化や戦局の拡大などで実施にはいたらなかった。

しかし何度計画が挫折しても、コメ増産が叫ばれるたびに「八郎潟干拓計画」は不死鳥のようによみがえった。

そして昭和二十七年（一九五二）、国の八郎潟干拓調査事務所が秋田市に設置され、四年後の昭和三十一年（一九五六）にはオランダとの技術援助契約を結び干拓事業はスタートした。

そして昭和四十一年（一九六六）に秋田県六九番目の自治体として大潟村が誕生することになる。

十五年近くに及ぶ歳月と、総事業費約八五二億円（今でいえば一兆円ほど）を投じた世紀の国家的大事業は、約七億トンの水をくみ出し、ＪＲ山手線の環内が三つも入る広大な陸地を誕生させたのである。


（参）『国土はこうして創られた・八郎潟干拓の記録』富民協会編（富民協会）

『頭上は海の村』あんばいこう（現代書館）

ババヘラは喫茶店？

道路沿いにパラソルを立て、中高年の女性がブリキ缶にはいったシャーベットアイスを金属のヘラでコーンに盛り付ける。ババヘラアイスは秋田の風物詩だ。

そのネーミングの卓抜さも広く県民に親しまれている理由でもあるのだが、ババヘラには触れてほしくない「クロ歴史」があるのも事実である。

その一点目は道路上でのババヘラ販売だ。

国や県の管理下にある道路での商行為はどんな職種であろうと今の日本では許されていない。公共の財産である道路で商売をするには道路占用許可が必要だが、ババヘラはこの許可を得ていない「路上ゲリラ」なのだ。

路上で商行為が認められれば国道上には様々な物売り屋台でいっぱいになってしまう。二点目も似たような問題点だが、道路以外の学校グラウンドや街角で販売するババヘラも厳密には法律違反である。

筆者もババヘラは場所を移動しながらものを売り歩く露天商なのだと思っていたが、実は「石焼き芋」や「古紙回収」などとは違う分類に入る商行為だった。

ババヘラには、アイスを手（ヘラ）で盛り付けるという調理行為がある。

この行為には生身の肌を介入させることで衛生上の問題が生じる。

そのため法律的には単純な物品販売業とは別に「小分け販売」に分類されている。

この小分け販売には「喫茶店営業（露天）」という保健所の認可が必要になるのだ。

喫茶店は客や従業員のために給排水設備の設置が条例などで義務付けられている。

さらに客の手洗いやトイレ使用後の水使用、備品であるヘラの洗浄や消毒など守るべき条件が決められている。

本来、ババヘラはこの喫茶店営業の認可を取らなければ営業はできない職種だったのである。それを長期間にわたって、これらの違法状態を無視したまま「もぐり営業」を続けてきた、というのが現状だったのである。その背景には、長年にわたって県民に愛されてきたババヘラを、行政が力づくで取り締まると、県民の反発や、ババヘラが地下にもぐって、逆に衛生上の問題が出てくることを恐れたため、ともいわれている。

しかしそのババヘラの潮目が変わるのは平成二十一年（二〇〇九）四月一日。この日から食品衛生法施行条例「仮設店舗による臨時営業等の取り扱い要綱」が五十年ぶりに改正された。

露天の許可規制が緩やかになったのだ。

ババヘラは最寄りの保健所に「野外販売業者届出書」を提出し、講習や検便を受けて、「喫茶店営業（露天）」の許可を得ることが可能になったのである。

しかし国道脇であいかわらず見かけるババヘラは今も「違法なゲリラ」のままだ。

私有地ならともかく、国や県がババヘラにだけ道路占有許可を与えるなどということはあり得ないからだ。

（参）『ババヘラの研究』あんばいこう（無明舎出版）

路面電車はなぜ消えたのか

秋田市の中心部をさっそうと走り抜ける路面電車の風景を覚えている人は、年々少なくなる一方だ。

最後の走行からすでに半世紀以上経ってしまったが、その雄姿を懐かしむ人は少なくない。

秋田県内でただひとつ、県都のシンボルでもある路面電車が秋田駅前から土崎まで全面開通し、そのわずか十四年後には消えていく運命にあったとはだれが想像しただろうか。この十四年の間にどんなドラマが隠されているのだろうか。とりあえずその歴史を振り返ってみよう。

秋田市電の歴史は古い。

その前身は明治二十二年（一八八九）の馬車鉄道だ。馬が客車を引くスタイルで、開通は奥羽線（現在の奥羽本線）の全線開通より十六年も早いというから驚いてしまう。路面電車の運行が始まったのは大正十一年（一九二二）。停留所は市の中心部である新大工町（現保戸野通町）から土崎まで六ヶ所のみだった。

さらに昭和二十四年（一九四九）、市政施行六十周年を迎えた秋田市は市電の終点を新大工町から秋田駅前まで延長する計画を立て、二年後に秋田駅前から土崎間七・三キロの全面開業が実現した。

ここから試練は始まる。

全面開業の二年後の昭和二十八年（一九五三）、市電と並行する新国道七号の舗装工事が完成し、秋田中央交通のバス路線が増便されることになった。翌年には国鉄船川線（現男鹿線）に気動車が導入され、ここに列車、バス、市電の利用者争奪戦が始まってしまったわけである。

こうした背景の中、全面開業から三、四年にして早くも「路面電車不要論」が浮上したのである。

バスや列車に利用者を奪われ、車社会の急進展で「電車は自動車通行を妨げる」という予想外の大バッシングが市電に向けられるようになった。

時代は車社会へと猛進していたのだ。さらに立場を悪くしたのは赤字の垂れ流しだった。利用者減の他にも、冬には線路除雪は人力だった。人件費で赤字は膨れるばかりだった。

そして昭和三十六年（一九六一）、第一六回国民体育大会ではメーン会場である八橋陸上競技場までの往復はバス移送が主力になった。市電運転はこの国体の時期に一部区間が運行取りやめになった。皮肉にも国体開催が市電不要論に拍車をかける結果となった。

そして昭和四十年（一九六五）大晦日をもって運転は休止、翌年三月三十一日に路面電車は廃止となった。


（参）『秋田の路面電車』秋田県立博物館編（無明舎出版）

織田信雄と本多正純

秋田の歴史に登場する人物で「日本史レベル」のビッグネームはほとんどいない。

なんとも残念だが、それでも重箱の隅をほじくるように歴史の片隅をほじくっていると、「エッ、こんなビッグネームが秋田に」と驚く人物もいる。

その一人が織田信雄（のぶかつ）だ。いわずと知れた織田信長の二男である。信雄はキリスト教にシンパシーを抱いていた大名としても有名である。永禄十二年（一五六九）、日本研究などで高名なフロイスを信雄は信長の命を受けて接待し贈り物までしている。

天正五年（一五七七）にはある教会を訪ねて「自分はキリシタンになりたいが、いま、戦いに行く途中であるから後日帰依する」と約束までしているという。

ところが天正十八年（一五九〇）、信雄は関東へ移った家康の旧領（駿河・遠江）への転封を拒否したことが豊臣秀吉の怒りにふれ、所領を没収され、出羽秋田に流された。配流された場所は八郎潟湖畔の三倉鼻付近（天瀬川のノブコ畑）。この土地の小玉家（昔の名は織田徳右衛門）には家伝の血の薬がある。これは信雄から伝えられたものといわれている。

信雄が秋田にいたのはわずか一年で、その後は、家康の仲介もあり赦免され大和国内（奈良）で晩年を過ごしている。

もう一人のビッグネームは本多上野介正純だ。

「家康が天下統一できたのは、半分以上、正純の力」といわれた家康の懐刀である。

しかし家康が亡くなると数々の不正や疑義が噴き出し宇都宮一五万五千石を取り上げられ、元和八年（一六二二）、由利本荘城五万五千国に転封された。

しかし正純はこれに納得しなかったために翌年、仙北郡大沢郷へ「罪人」として配流された。

その二年後の寛永元年（一六二四）には佐竹義宜の預かりとなり横手に幽閉された。正純の子・正勝も父の身体を心配し禄高を投げ捨てて横手に同行した。

佐竹家は正純父子を丁寧に扱い厚くもてなしたが、幕府は「正純憎し」の気持ちが強く、正純の居室への人の出入りを厳重に監視し、窓には板を打ち付け日が当たらないようにしたという。

正純は寛永十四年（一六三七）七十三歳で横手にて亡くなっている。

「国替えの時、家康が佐竹義宣に出羽十二郡を与えよう、といったのを、それでは常陸国にいた時と大して変わりないと、私が強く主張して今の領地、出羽六郡に減らしたのだから、恨まれこそすれ優遇されるとは思わなかった」

と晩年、正純は佐竹の扱いに感謝したという。

（参）『梅もどき』諸田玲子（角川書店）
『秋田切支丹研究』武藤鉄城（翠楊社）
『あきた意外史』無明舎出版編（無明舎出版）

藤田嗣治は「つぐじ」か「つぐはる」か

秋田にとってはなじみの深い画家のレオナルド藤田こと藤田嗣治の名前の読み方は、「つぐじ」なのか「つぐはる」なのだろうか。

いまから二十年ほど前、地元の新聞やテレビはほぼ「つぐじ」派で、全国紙である朝日新聞やＮＨＫは「つぐはる」派だった。

同じ県内でメディアによって名前がまるで違っていたのである。

県民はあたり前のように「つぐじ」と呼びならわしていたが、心のどこかでは、「なぜ秋田だけ〈つぐじ〉なの？」と疑問に感じていた人も少なくなかった。

地元メディアの多くが「つぐじ」派だったのには根拠があった。藤田の絵を所蔵してた（財）平野政吉美術館が、常日頃から藤田嗣治をあたり前のように「つぐじ」と紹介していた。美術館の入り口には藤田の直筆の「無茶」という書が掲げられていて、そこに「嗣二」というサインがある、というのが美術館側の理由だった。藤田は二男で、この書から「ツグジとしか読みようがない」というのだ。

この説にならい地元紙が発行する『秋田人名大事典』や出版物、その系列のテレビ局などは「つぐじ」と表記、アナウンスするのが県民の人口に膾炙（かいしゃ）した。そのため県民のほとんどが昔は「つぐじ」派と言って過言ではなかった。

しかし全国的には朝日新聞社刊の『朝日人物事典』や美術年鑑は「つぐはる」派だった。NHKは「遺族に確認して『つぐはる』が正しい」と断定したのだが、それでも秋田では「つぐじ」が主流の呼び方だったのだ。

それが二〇一〇年代、新しい秋田県立美術館に藤田の作品が移されたあたりから、県内メディアのトーンはいきなり変わった。「つぐじ」派がきれいさっぱり消え、ほぼ「つぐはる」派に統一されていったのである。

レオナルド藤田は世界的な芸術家である。絵のサインは「R・Fujita」で、日本語の名前を書くことはないが、絵画にはサインの真贋がつきまとうのが世のならいだ。

筆者が二十年ほど前、サンパウロを訪れたときのことだ。

街の裏通りにある画廊のショーウインドーに藤田の絵があった。懐かしく見入っていると太った白髪の画廊主が現れ、「フジタの絵はたくさんある。入って見ろ」と勧められた。画廊主は藤田の大ファンだという。異国で秋田自慢ができるうれしさで平野政吉美術館の藤田コレクションのことを話すと老画廊主の顔が曇った。

「あなたのいうツグジ・フジタは、私のツグハル・フジタとは別人ではないのか？」

画廊主はフランスで出版された藤田の画集を持ってきて「ツグハル・フジタ」と書かれた自筆のサインとプロフィルを見せてくれた。

やはり秋田流「つぐじ」では、世界には通用しなかったわけである。

（参）『秋田なんでも知り隊』読売新聞秋田支局編（無明舎出版）

雪国では傘をささないのはなぜ

東京に雪が降ったニュースが流れると、思わずテレビに見入ってしまう。

都市そのものが雪を想定しない構造で成り立っているから、わずかの雪だけでもパニックに陥ってしまう。

この時ばかりは「都市って軟弱だなあ」と日ごろのうっ憤晴らしか留飲を下げる。

そしていつも「違和感」を禁じ得ないのが、都会の人たちのほとんどが雪に傘をさしていることだ。

雪国に住んでいると「雪に傘をさす」という選択肢はほとんどない。

世界的に見ても雪国に住む人たちが降雪に傘をさすケースは少ないような気がする。

どんな豪雪でも帽子かコートのフードで済ませるのが雪国流だ（のような気がする）。

逆に言えば、雪の降らない土地の人には「雨と同じ水なんだから傘を差さないと濡れてしまうのでは」との疑問もある。

確かに「みぞれ」のような水分の多い雪などの場合は、雪国でも傘をさす人はいる。とすれば雪国の人たちはなぜ傘をささないのだろうか。

答えは簡単だ。安全のためだ。

危機回避の方法として暮らしの中に根付いた雪国の知恵、と言ってもいいだろう。ようするに両手を常にフリーにしておかないと雪道を歩くのは危険なのである。

まず地面が凍結しアイスバーンになる。片手を傘でふさがれると滑って転んだ時、体のバランスを保てない。転んだ時に手に物を持っていると危険が倍加するのだ。

さらに傘をさすと極端に視界が悪くなる。これも怖い。

それでなくとも雪は真上からだけでなく横殴りや、地面から吹き上げてくる吹雪もある。吹雪に抗いながら歩くだけでも大変なのに、傘など持っていようものなら飛ばされやすい環境をわざわざ作って歩いているようなものだ。吹雪は傘など一瞬で吹き飛ばしてしまう。

こうした安全面の配慮から雪国の人は傘をささないのだが、歴史的な事情も考えられなくもない。

江戸時代、各藩によって違うが、村の肝いり以上でなければ傘（番傘）は持てなかった。農村ではいくら雨や雪が降っても、傘をさせるのはある身分以上の人たちだった。こうした身分制度の残滓も残っている、と考えるのはうがちすぎだろうか。

時代劇には職を失った浪人が長屋で「傘貼り」をしているシーンがよく見られる。傘は貴重品なのだ。傘の起源はパラソルで、古代エジプトやオリエントでは権力者の権威を示す天蓋だった。

比内地鶏がヒットした事情

昭和四十八年（一九七三）、秋田県畜産試験場が比内鳥の雄とアメリカ原産のロードアイランドレッド種の雌を掛け合わせ、一代雑種を生み出した。これが比内地鶏だ。鹿児島の「薩摩地鶏」と愛知の「名古屋コーチン」、そして秋田の「比内地鶏」が日本三大美味鶏といわれている。

しかし長く比内地鶏は秋田のそれも県北部だけの地域限定の特産品に過ぎなかった。「きりたんぽ料理」の具材としてのみ知られていた食材といっていい。

それが一挙に「全国区」になるのは九〇年代も後半になってからだ。

昭和五十年代や六十年代はまだ生産現場の飼育羽数（ひな）は千羽から一万羽ぐらい

の小さなマーケットだった。

平成に入るとそのレベルの高い肉質が評価され、徐々に販売は伸びていく。しかし需要の範囲はあくまで「きりたんぽの具材」と限定されていたので、切りたんぽとセットでしか売れない。そのため出荷は短期間で終わり、生産量はなかなか伸びなかった。

そんななか平成八年(一九九六)、人気グルメ漫画『美味しんぼ』が「恋のキリタンポ」と題して三話連続で比内地鶏を取り上げた。

情況はこの年あたりから急変する。

同じころ東京都内で比内地鶏を「焼き鳥」に使う店が現れたのである。その店は「高級な焼き鳥屋」として、たびたびテレビ番組に取り上げられた。高級感が先走り、焼き鳥の具材という発想は秋田にとってはまさにコロンブスの卵だった。

このあたりから地元秋田でも動きがあった。

大館市内のデパートに勤務していたY氏が、デパートを退職し比内地鶏の食材とメニューを提供する会社を興した。仕事で訪れた東京の百貨店で比内地鶏が薩摩地鶏や名古屋コーチンよりも高値で売られているのをみてショックを受け、秋田ではきりたんぽ鍋の出汁や具に過ぎなかった「脇役」を「主役」に変えて、首都圏で勝負に出たのである。

生産者の現場にも風が吹き始めていた。地元で出荷を一手に引き受けてきた養鶏業者Aさんは、生産者に厳しい飼育マニュアルを科し、放し飼いや飼育面積、羽数、品質管理を徹底させた。増え続ける需要にこたえながら、消費者の評価を落とすことがないよう、ブランド確立のために着々と舞台裏を整えていた。

比内地鶏はキリタンポの具材であることから自立することで、はじめて成功の道を歩み始めたのである。

（参）『美味しんぼ』第五六巻・雁屋哲原作・花咲アキラ作画（小学館）

歴史は「小説」で学ぶのが楽しい

郷土史家や研究者の書いた歴史専門書は、難解な専門用語や詳細すぎる解説で全体像がわかりにくい。

そんな時は手っ取り早く「小説」で勉強する。

例えば秋田の戊辰戦争ならこうだ。

西木正明著『養安先生、呼ばれ!』は院内銀山の医師・門屋養安の一代記。養安の晩年が明治維新前後と重なっていることもあり、後半五分の一は明治維新と戊辰戦争に翻弄（ほんろう）される院内銀山の様子が詳しく記されている。地理的にも敵である庄内藩の最も近くに位置し、その兵士たちの駐屯地にされた鉱山地域の人々の動揺や避難暮らしが丁寧に、わかりやすく、おもしろく描かれている。

同じく鹿角出身の直木賞作家・阿部牧郎著『静かなる凱旋』は、鹿角の小鉱山の経営者である主人公・青山吉之助が、日露戦争の賠償・領土問題の政府対応に不満を持ち東京へ陳情にいく物語だ。ときの総理・桂太郎と青山は四十年前の戊辰戦争で敵味方ながら親交があり、それが物語の伏線になっている。鹿角は戊辰戦争まで盛岡藩領。戊辰戦争の敗北を機に秋田県に編入されるのだが、このへんの微妙な立場や葛藤が物語のミソになっている。盛岡藩と秋田藩のはざまで苦悩する人々の内面が鮮やかに描かれているのは、鹿角出身作家ならではの視点といっていいだろう。

山形・鶴岡出身の直木賞作家・佐藤賢一著『新徴組』は、庄内藩側からみた幕末動乱と秋田攻めの物語である。京都見廻組・新撰組はつとに有名だが、同じころ幕府・江戸見廻組であった新徴組（庄内藩御預かり）について知る人は少ないのではないだろうか。

前半部では江戸での新徴組の活動を追い、後半部は鶴岡に帰り秋田に攻め込む新徴組に多くの紙枚が割かれている。薩摩藩に伍（ご）するといわれた最新鋭洋式軍備に身を固めた屈強な庄内兵士たちの喜怒哀楽が感動的に描かれている。「おまわりさん」という言葉が新徴組をさす江戸弁であることを、この本ではじめて知った。

戊辰戦争から時代は遡るが、江戸初期の秋田藩の窮状や幕府との微妙な関係を知るには角館出身の作家、花家圭太郎著『暴れ影法師』（集英社文庫）がぴったりだ。

秋田藩の改易を阻止しようと江戸に出張って大活躍する戸沢小十郎の物語なのだが、史実を踏まえた歴史舞台の上でフィクションのヒーローたちが縦横無尽の活躍をする。笑って読み進むうち史実がジンワリ身体にしみ込んでくる。

郷土の歴史を学ぶには「小説」がもっとも近道です、というのが私の持論である。

（参）『養安先生、よばれ』西木正明（恒文社21）
『静かなる凱旋』阿部牧郎（講談社）
『新徴組』佐藤賢一（新潮社）
『暴れ影法師』花家圭太郎（集英社文庫）

重文の縄文石斧が無名な訳

秋田県立博物館の常設コーナーには「人とくらし」と題された人文展示室がある。

これが博物館の目玉展示である。

このコーナーの入り口にはマンモスの骨のようにきれいに磨かれた、光り輝く四本の棒状の磨製石斧が、ガラスケースに入って恭しく入場者を迎えてくれる。

もう半世紀以上前に東成瀬村から出土した、縄文時代の大型磨製石斧である。

よくもこれほど保存状態良く、何千年もの間、地中に埋もれていたものだと感嘆するほどの光沢を今も保ち続けている。

しかし、この国の重要文化財の磨製石斧の存在は、秋田県民の人口にそれほど膾炙（かいしゃ）しているわけではない。なぜなのだろうか。

東成瀬村教育委員会『上掵（うわはば）遺跡内容確認調査概報』によると、石斧は昭和四十年（一九六五）秋、東成瀬村の農道側溝工事の女性作業員二名によって掘り出された。

出土状態は驚くべきもので、地表から五〇センチの場所に長さは六〇センチもある棒状の石器四本が整然と並び、刃先はすべて西向きに揃えられていた。

約六〇〇〇年前の縄文前期のものと推定され、大きさも石斧としては国内最大級のものであることが判明した。しかし、なぜか石斧発見は当時、世間を驚かす大きなニュースになったわけではなかった。

発見した作業員から相談を受けた村のG氏が「家宝」として石斧を私蔵し公開を拒否し続けたからだ。

発見から十年後、東京で「縄文人展」が開催されることになり、展示資料の相談を受けた当時の県教育庁文化課学芸主事・冨樫泰時氏はこの石斧のことを思い出し、村まで出向いてG氏を説得し、ようやくのことで展示許可をもらった。

こうして石斧四点は東京の地で「はじめて」人々の目に触れることになったのである。

展示から間もなくG氏は病没。それにともないG家も東成瀬村を離れることになり、石斧四点とともに関東に引越した。

このことに強い危機感を持った県や博物館関係者はG家と粘り強い折衝を続け、結果、石斧を博物館に収めることにG家の同意を得た。

そして昭和六十二年（一九八七）、県立博物館では「考古学雑誌」にこの石斧についての論考を発表。

石斧の存在は全国の考古学者たちに知られることになり翌年、四点の石斧は国の重要文化財に指定された。

この遺跡は発見から国重要文化財指定まで、なんと二十年以上の歳月が必要だったのである。

（参）『おもしろ秋田むかし考』冨樫泰時（無明舎出版）
『上掵遺跡内容確認調査概報』東成瀬村教育委員会編

あとがき

ＪＲ秋田駅前にある郷土料理屋では、女子店員が「きりたんぽ」の由来に関する紙芝居を披露するサービスがある。鹿角の山中で食事中の村人のところに参勤交代の南部の殿様が通りかかる。殿様が馳走になると、ことのほか美味だったので、その料理を「きりたんぽ」と命名した……といった内容である。

「ということは、きりたんぽは秋田の料理じゃなかったんですね」

と客から半畳が入ると女子店員は絶句してしまった。

彼女は鹿角（南部）と秋田の歴史的関連を知らなかったのだ。

同じ駅前のラーメン店（関西系全国チェーン）には、「秋田の酒造りが神戸の灘から伝わったように、私どもの麺も北前船で秋田に伝わった」と店内に堂々と表記している。

その根拠や典拠を知りたいものだが、有無を言わせない自信に満ちた宣伝文である。

私たちの身近なところで、地域に関する偏見や迷信、勘違いや無知はすくすくと育っていく。目くじら立てるほどのこともないという人もいるが、自分の地域が一番であればいいという考え方は、タチの悪い思考停止をもたらすだけではないだろうか。

それ以上深く意味を問わないばかりか、微温的な環境の中で疑問や追及の矛先に手加減を加えてしまう。それをエスノセントリズム（地域ナショナリズム）というのだそうだ。

本書は、そうした私たちの身辺にある定説や常識や地元自慢を疑ってみることをテーマに、四二本のエッセイで編んだものだ。

本来であれば「歴史」「自然」「文化」「生活」といった分類の上、章立てするのが読みやすいのかもしれないが、あえてそうした構成上の配慮をしないままアトランダム（乱雑）に文章を並べてみた。こちらのほうが「雑学的エッセイ」にマッチしていると思ったからだ。

本書はこの二十年間、朝日新聞秋田県版に書いたエッセイを核に編んだものである。

巻末に新聞掲載日の初出年月日をいれるべきなのだが、加筆、訂正などの手を大巾に加えたため、連載時の原稿とはかなり違ったものになり、ほとんど書下ろしに近いものになってしまった。

あらためて朝日新聞秋田支局と担当記者の方々には、ここに感謝の意を記しておきたい。

もとより専門分野も得意なジャンルもない編集者の仕事である。

浅学菲才の身を救ってくれたのは、先人たちの蓄積してくれた夥しい文献資料で、それを使い回すことで、かろうじて成り立った仕事である。

この紙面をかりて、その先人たちの努力や業績にも敬意を表したい。

なお目に余る間違いや思い違い、引用ミスや誤記があれば、ご教示いただければ幸いである。

二〇一九年春　筆者

あんばい こう 略歴

本名 安倍 甲（あべ・はじめ）。
1949年秋田県湯沢市生まれ。
県立湯沢高校卒業後、秋田大学を中退し、
現在は出版業。

主な著書に、
『力いっぱい地方出版』（晶文社）
『頭上は海の村』（現代書館）
『田んぼの隣で本づくり』（日本エディタースクール出版部）
『食文化あきた考』（無明舎出版）
『ババヘラの研究』（無明舎出版）
『「学力日本一」の村』（無明舎出版）

秋田学入門
定価〔本体一〇〇〇円＋税〕

二〇一九年六月十日 初版発行

著者 あんばい こう
発行者 安倍 甲
発行所 ㈲無明舎出版
秋田市広面字川崎一一二―一
電話／（〇一八）八三二―五六八〇
FAX／（〇一八）八三二―五一三七
製版 ㈲三浦印刷
印刷・製本 ㈱シナノ

ISBN 978-4-89544-654-9